amuhibi
meets
ROWAN

amuhibiが編むローワンのニット

梅本美紀子

私の3冊めの本にようこそ。
「amuhibiがROWANと出会ったら」という本のタイトルにちなんで、
まずは私と、ROWANとの出会いについて、話してみたいと思います。

まだ編み物を趣味としていた頃、毛糸がたくさん見られると紹介され、
私はエストニアにある、手芸品の卸問屋の倉庫を訪ねました。
ワクワクしながら向かったその場所には
案内通り、見渡す限り毛糸が積まれていましたが、
ウールやモヘアの、質の高い糸が見当たらず、
私は長い時間、毛糸の森を彷徨っていました。

ここになかったらもう諦めよう、と、最後の棚を覗き込んだ瞬間、
突然私が見てきたどの糸とも違う、美しい糸が現れました。
それは、ROWANのキッドシルクヘイズでした。

初めて触るアンゴラヤギの毛の繊細さと肉厚な起毛に驚き、
25g巻の毛糸玉が、両手いっぱいに大きなことにも、
雷に打たれたみたいに感動したのを覚えています。
すっかりROWANのファンになった私は、
品質の良さは軽さと比例すること、
それが着心地の良さにつながることを知っていくのですが、
この出会いから、私の中に輸入毛糸愛が育まれ、
やがてamuhibiをスタートさせるきっかけにもなりました。

そんな思い出深いROWANと、私は今回、デザイナーとして、
また新たな出会いをしました。そしてこの出会いから、
着てほしい、編んでほしいニットが15点うまれました。
あなたがこの本で、私のデザインに、そしてROWANという
素晴らしい毛糸たちに出会ってくださり、
編み物が楽しいと思ってくださったら、とても嬉しいです。

KNIT_01 コクーン
Cocoon
P6, 54

KNIT_02 デイジー
Daisy
P8, 56

KNIT_03 ツイスト
Twist
P10, 62

KNIT_07 ボタニカルカーディガン
Botanical Cardigan
P18, 88

KNIT_08 ジグザグスカーフ
Zigzag Scarf
P20, 92

KNIT_09 モヘアソックス
Mohair Socks
P22, 94

KNIT_13 シーズ
Seeds
P30, 102

KNIT_14 ブルームソックス
Bloom Socks
P32, 110

KNIT_15 ボタニカルソックス
Botanical Socks
P34, 67

KNIT_04 ノルディックガール
Nordic Girl
P12 , 70-78

KNIT_05 ノルディックマン
Nordic Man
P14 , 79-85

KNIT_06 サイドオープンベスト
Side Open Vest
P16 , 86

KNIT_10 スノー
Snow

KNIT_11 エルフハット
Elf Hat

KNIT_12 オール・ユー・ニード・イズ・ラブ
All you need is love

KNIT **YARN** **SEE**
01 ROWAN KIDSILK HAZE PAGE_54

Cocoon

透けてるって、もうそれだけでワクワクでしょ？ きちんとした印象になるよう、ネックのあきを抑えめにしました。透けを生かして、目立つプリント柄をインナーにした、カジュアルな着こなしも楽しめます。1本どりは細くてちょっとドキドキするかもだけど、キッドシルクヘイズは、シルク芯を使っているのでとても丈夫なのです。ふわふわの編み心地をぜひ楽しんで！

KNIT
02

YARN
ROWAN ALPACA CLASSIC

SEE
PAGE_56

Daisy

大胆にクロスする太めのダイヤ柄と、小さなデイジーの花のコントラストが楽しいデザイン。「甘すぎない可愛らしさ」を目指しました。ヨークや袖口のキラキラも控えめでいいでしょ？ アルパカクラシックは、魅力的な色が豊富なので、ぜひあなたの好きなカラーワークでも編んでみてね。

伝統的なアランのケーブル模様を、ぐっと幅広に、そして交差のピッチを長めにしたら、ゆったりとした柔らかな印象のベストになりました。ツイードアランのくったりとした感じも、このデザインにぴったりです。

KNIT
03

YARN
ROWAN FELTED TWEED ARAN

SEE
PAGE_62

Twist

glasses/Lunor　pants/CORDINGS

KNIT　　　YARN　　　　　　　　　　　　　　　　SEE
04　　　　ROWAN FELTED TWEED , ALPACA CLASSIC　　PAGE_70-78

Nordic Girl

ノルディックセーターを2タイプデザインしました。女の子が着ているクルーネックタイプの柄には鳥が飛んでいます。次のページで男の子が着ているダブルネックのセーターには木があって、その木に鳥がとまろうとしている、という「物語」を、こっそり忍ばせておきました。この2つのセーターは、どちらも5サイズ展開。レディースとメンズ、両方のサイズをご用意したので、「鳥を待つ」のか「とまりに行く」のか、お好きな方をどうぞ。

KNIT 05 YARN ROWAN FELTED TWEED , ALPACA CLASSIC SEE PAGE_79-85

Nordic Man

袖のゴム編みを長くしてみたら、なんだかフレッシュなノルディックセーターになりました。地色にはフェルテッドツイード、差し色にはアルパカクラシックを使い、鮮やかで少しモダンな印象に。彼が着ているのはダブルネックタイプ。下にタイトなタートルを合わせても素敵です。

KNIT 06 YARN PURE WOOL SUPERWASH WORSTED SEE PAGE_86

Side Open Vest

インナーのシルエットやボリュームを選ばず、シャツでもリブタートルでもワンピースでも、何にでも合わせやすいベストです。お手持ちの服の印象がガラッと変えられるし、秋はこれ1枚、冬はアウターの下にと、着回しもよくてサイコーのアイテム。なじませ色にアクセントカラーと、何枚でも欲しくなるから不思議。

KNIT　　　YARN　　　　　　　　　　SEE
07　　　　ROWAN FELTED TWEED　　PAGE_88

Botanical Cardigan

ツタと葉っぱと花の模様を並べた、可愛いカーディガン。シックな色のツイード糸だから、こんなふうにカジュアルなオールインワンはもちろん、花柄のクラシカルなワンピとも相性がいいはず。フェルテッドツイードは軽くてドレープも綺麗に出るので羽織ものにもぴったりです。

cap/Wax London

KNIT YARN SEE
08   ROWAN BRUSHED FLEECE   PAGE_92

Zigzag Scarf

ジグザグのグラフィカルな模様を、あえてふかふかの毛糸で編んでみたら、エッジが取れて、なかなか魅力的なマフラーになりました。長いフリンジは少し懐かしい感じかもしれませんが、このデザインにぴったりと思うので、ぜひつけてくださいね。長い長いマフラーだけど、太い針だしリズミカルな柄なので、きっと、あっという間です。

KNIT
09

YARN
ROWAN KIDSILK HAZE

SEE
PAGE_94

Mohair Socks

キッドシルクヘイズは、芯糸がシルクなので、見た目よりかなり強い糸。ふわふわと心地よい履き心地もカラフルな色展開も、絶対靴下向きだと思ってました。足裏はきっと少しずつフェルトのような肌触りになるはず。そんな経年変化も楽しめる、特別な靴下です。

shirt/Wax London

amuhibi meets ROWAN

KNIT **YARN** **SEE**
10　ALPACA SOFT DK　PAGE_96

Snow

透かし編みで編む雪の柄が可愛いカーディガン。同じく透かしのラグラン線と、ちいさなポケットもつけました。ポケットは雪の柄に沿うようにラウンドした丸底にしました。袖口は内側でまつりつけていますが、外側に二つ折りにしてもいいと思います。どちらでもお好きな方を。

KNIT 11　YARN ROWAN BIG WOOL　SEE PAGE_93

Elf Hat

つん、と尖ったフォルムの帽子。童話の絵本で妖精（エルフ）がかぶってるやつです。ビッグウールは太くてコシがあるので、意外とメンズにもいい感じ。簡単なパターンなので、色違いで何個でも編みたくなりますよ。ゴム編みを編まずに、メリヤス編みをくるりんとさせるのも可愛いかも。しましまにしたり、先っぽだけ色変えしたりと、いろんなアレンジを楽しんでね。

[men] jacket/CORDINGS　[women] coat/UNDECORATED　stole/Joshua Ellis

KNIT
12

YARN
ROWAN ALPACA CLASSIC

SEE
PAGE_59

All you need is love

ROWAN といえばイギリス、イギリスといえばビートルズ。ビートルズといえば、私の推しはこの曲。禅問答みたいな歌詞とパロディだらけの曲調が、ビートルズらしくて好きなのです。曲名をヨークに入れたこちらのセーターには、クラシカルなイギリスらしいカラーワークを。鼻歌を歌いながら、紅茶をお供に楽しく編んでください。

KNIT
13

YARN
ROWAN PURE WOOL SUPERWASH WORSTED

SEE
PAGE_102

Seeds

ボッブルのつぶつぶをたくさん並べて編んだら、新鮮な印象の模様ができたので、伝統柄のアランと合わせてセーターにしました。衿ぐりから肩を通って袖口まで、つぶつぶラインを映画のキルビルっぽく（わかる？）。レディースからメンズまでサイズが選べるので、お好きなサイズ感でぜひ。

glasses/Lesca LUNETIER

muhibi meets ROWAN

shirt, skirt/UNDECORATED   bag/O MY BAG

KNIT YARN SEE
14 ROWAN SOCK PAGE_110

Bloom Socks

今回の本は、不思議と植物にまつわるデザインが多くなりました。こちらの靴下も花をイメージしたもの。かけ目と2目一度で作る透かし模様は、法則がわかれば、きっと楽しく編めるはず。1段1段コツコツと編んで、たくさんの可愛い花を咲かせてね。

sweatshirt/KEIMEN

KNIT　　YARN　　　　　　SEE
15　　　ROWAN SOCK　　PAGE_67

Botanical Socks

1色の目数が多い編み込み柄なので、柄は伸縮性をそんなに気にしなくていい甲側だけに入れ、難易度を少し下げました。靴を履いたら見えなくなるけど、脱いだときに、まるで花が咲くみたいにぱっと柄が見えたら素敵でしょ？ フラットシューズで見せびらかしても、もちろんOK!

amuhibi meets ROWAN

ROWAN
Yarn Stories

糸のこと、デザインのこと

毛糸が先かデザインが先か、よく聞かれる質問に私はいつも、「毛糸が先です」と答えます。
もしくは同時にイメージする感じ。形を決めた後で、さて毛糸は何がいいかな、とは不思議とならず、
私にとって、毛糸は大切なファクターなのですが、毛糸がこれまで
デザインと同じ熱量で語られることは、あまりなかったように思います。
ということで今回は、「糸物語（Yarn Stories）」と題して、この本に掲載のデザインを形にしてくれた毛糸たち、
それぞれの物語を綴ってみました。毛糸フェチとしての私の偏愛と、毛糸屋としての知識、
デザイナーとしての想いがごちゃ混ぜになりましたが、ぜひ読んでいただけたらと思います。
そしてそれぞれの毛糸たちに、あなたも出会ってみたくなってもらえたら嬉しいです。

Big Wool
遠慮しがちな初心者さんへ

　編み物初心者の方が「練習用」に、安価な毛糸を選ぶのを、昔から疑問に感じていた。編むときの「手加減」というのはとても繊細なものなので、いずれ編むのなら、上質な軽いウールやアルパカ糸の「編み心地」を、なるべく最初から体験した方がいいというのが私の考えだ。

　いわゆる「高級糸」には、比重の軽い原毛が使われ、薬や柔軟剤に頼らず、製法にも手間をかけるという、ちゃんとした理由がある。だから編み直しにも耐える強さがあり、いつまでも弾力を失わない。2、3年でへたってしまうような糸を、長い時間をかけて編むのはもったいないので、ぜひ、あなたの頑張りに、ふさわしい糸を使ってほしいと思う。

　さて、このビッグウール、ROWANが初心者の方向けにご用意した糸だそう。初心者向けの極太糸はアクリル製のものが多いが、こちらはピュアメリノウール。さすがローワン、初心者向けにも最上質な毛糸を用意してくださっている。ニット帽子が苦手な方は意外と多いのだが、そんな人ほどこの「ビッグウール」で、厚みのある帽子を編んでほしい。厚みのおかげで、ニット帽は顔が強調されそう、という、あの「照れ」を感じないですみますよ。

BIG WOOL ビッグウール
100% Wool
100g
80m／87yds

作品リスト
Elf Hat…P.026

Kidsilk Haze
誤解され続けるモヘア

　毛糸店のオーナーとして、モヘア糸ほど誤解されている糸は、他にないのではないかと常々思っている。まず、モヘアに関してよく聞く感想として、初心者には難しい、ほどくのが大変、毛が抜けて厄介、細いから編むのが大変そう、というところだろうか。ざっと思いつくものを列記しても、ネガティブな感想ばかりだが、どちらかというとほぼすべて逆、というのが私の感想だ。

　まずモヘア糸は、1〜2本どりで、日本サイズで5〜10号の針でざくざく編む、並太から極太糸に属する糸だ。長い起毛を生かすためにローゲージで編む必要があるためで、だからセーターなんてあっという間に編めるし、少しくらい編み目が揃っていなくても、長い起毛のおかげで全く気にならず、まさに初心者さんがはじめて編むウェアにぴったりの糸なのである。ほどく時は確かに起毛が絡まるが、糸切りハサミでチョキチョキと、絡んだ起毛部分だけをカットしながらほどけば問題ない。そして私は15年以上、ROWANのKidsilk Hazeを愛用しているが、毛が抜けて困ったことは一度もない。シルクの芯糸がしっかりとモヘアを巻きつけていることと、生後1年未満のアンゴラヤギの産毛から刈り取った、希少なモヘア繊維は、天然の獣毛だから、切れも抜け毛もないのだ。見た目の印象とは違うタフさこそ、モヘアの魅力だとも思っている。

　モヘアの素晴らしさをもっと知ってほしくて、この本ではモヘアの靴下と、1本どりで編むエアーなセーターをデザインした。モヘアは染まりやすいという特徴から、美しく豊富な色が楽しめる糸なので、ぜひカラフルな靴下やセーターを、コーディネートのアクセントにしてほしい。また、モヘアは様々な毛糸と引き揃えて、質感や色をがらっと変化させるのもとっても得意。ムラ染めのソックヤーンに優しい色のモヘアを合わせると、思いがけない上品な雰囲気になるし、ロット違いのウール糸も、色の差を気にせずセーターにできるなど、余り毛糸の活用にもおすすめだ。ちなみに引き揃えで編むと、ほどきにくさも解消される。ワクワク要素たっぷりのモヘア。もっと仲良くなって！

KIDSILK HAZE キッドシルクヘイズ
70% Super Kid Mohair
30% Silk
25g
210m / 230yds

作品リスト
Cocoon…P.006
Mohair Socks…P.022

Felted Tweed, Felted Tweed Aran

伝統という仮面をかぶったニュースター

　ROWANはイギリスのウエスト・ヨークシャーで、1978年に創業された老舗のヤーンメーカーだ。そしてツイード糸の発祥もイギリス。スコットランドとイングランドの境界を流れるツイード川が、その発祥の地とされている。ROWANのフェルテッド・ツイードは、軽さのある並太の、ネップが可愛いらしい糸。60色以上も美しい色が揃っていて、ROWANを代表する糸として、キッドシルクヘイズと人気を二分している。

　私は個人的にツイード糸がちょっと苦手だった。ネップがある、伝統的な姿をした糸を前にすると、デザインしようと思っても、「ちゃんとしたサイズ感でね」とか「アランの配し方も伝統的にね」と囁いてくるような気がして、フラットに向き合えずにいたのだ。ただ、この軽くフェルト化したウールというのがとても編み心地がよく、糸割れしないから初心者さんにもおすすめだし、抑えたカラーリングも日本人好みなので、なにかウェアをデザインしてみたいとは、常々思っていたのである。

　この本では、Botanical CardiganとNordic Girl、Nordic Man、Twist（Felted Tweed Aran）と、4点をデザインした。ノルディックセーターは、編み込みの差し色にアルパカクラシックを使って、少しカラートーンを上げたが、4つともとにかく軽く、柔らかなドレープがあり、きっと使うほどにくったりと、肌に馴染んでいくだろうなあと思えたし、肝心のデザインもとても気に入っていて、今ではすっかりFelted Tweedのファンである。

　今回Felted Tweedを使うにあたり、かなり驚いたことがあった。伝統的な糸だと思っていたら、ビスコースが使われている。ビスコースとはレーヨンの一種で、パルプから作られる合成繊維なのだが、私はまさかツイード糸に化繊が使われているとは知らず、そしてビスコースがこの伝統的な糸に、かなりいい仕事をしていることにもちょっと感動したのだ。ROWANのWebサイトでも、「魔法のような組み合わせ」と表現しているが、シルクの代わりにも使われるビスコースが、フェルト状のウールに、柔らかさや指通りのよさをプラスしているのが、使ってみるとよくわかる。創業46年の老舗ヤーンメーカーが、化繊を嫌わず積極的に取り入れて、素晴らしい糸を開発してくれるのはとても頼もしい。私も「伝統」に怯まず、新しい「今」の空気を吹き込めるデザイナーを目指し続けたいと思う。

FELTED TWEED, FELTED TWEED ARAN
フェルテッドツイード、フェルテッドツイード アラン

50% Wool
25% Viscose
25% Alpaca
50g
175m / 191yds,
87m / 95yds
(Felted Tweed Aran)

作品リスト
Twist…P.010
(Felted Tweed Aran)
Nordic Girl…P.012
Nordic Man…P.014
Botanical Cardigan
…P.018

Pure Wool Superwash Worsted
「あの人に任せておけば大丈夫」みたいなそんな糸

　何か編みたい、というのだけは決まっているけど、それ以外はまだ何も…という、私はどうしたらいいのでしょう的なお客様も、amuhibiにはよくいらっしゃる。ここに来れば何かが見つかるのでは、と期待してきてくださる方に、まず最初にすすめるのは、迷わずこのピュアウールだ。

　日本ではあまりメジャーではないが、まだ編み物が趣味だった頃からこの糸のファンなのだ。個人輸入で取り寄せて、セーターや帽子やカーディガンなどをよく編んでいた。棒針6〜8号という、「編みやすい太さ」と人気のウーステッド（並太）の糸で、スポンディッシュで軽さのある糸。編み目がくっきりと出るのが特徴で、アランもレーシーな模様編みも、もちろんメリヤスもとても美しく仕上げられる。梳毛糸のためチクチクもゼロだし、スーパーウォッシュ加工のおかげで毛玉もできず、洗濯にも強い！と、ほぼ全方位に点が高い、優等生。

　昔に比べて色も増え、2024年現在 全24色と、カラーワークが楽しめるのも素晴らしい。ちなみにスーパーウォッシュ加工とは、簡単にいうと毛糸の表面の起毛を、レーザーで焼いて処理をする、という加工のことで、この加工をすると毛玉もできず、洗濯で縮みにくくもなるのだが、「暖かさ」も少しだけ損なわれる。最近はどこに行っても空調が効いているので、ある意味現代の生活にマッチした糸と、いえるのかもしれない。

　デザインがいちばん多い並太の糸だし、とりあえずこれを買っておいたら、パターンも見つかりやすいですよ、というのが、私のショップでの決まり文句だが、今回はできればSide Open VestやSeedsを編んでもらえると嬉しい。何にでも合わせやすかったり、サイズ展開も豊富に揃えていたり、このパターンもなかなかの、優等生なのだ。

PURE WOOL SUPERWASH WORSTED
ピュアウール スーパーウォッシュ ウーステッド

100% Wool
100g
200m / 219yds

作品リスト
Side Open Vest…P.016
Seeds…P.030

Alpaca Soft DK
編んでいる時間も身につけてからも、「嬉しい」がずっと続く糸

　とても上品な糸である。そしてものすごく上質。なんといってもエクストラファイン・メリノとスーパーファイン・メリノ、ここにベビーアルパカが入るという、かなり高級なブレンドだ。ファインメリノとは、「はじめての毛刈り」で獲れる、毛先が細くて柔らかなウールのことを指す。合わせたアルパカ糸も、生後1年未満の、アルパカの原毛を使用している。ほらね、早く実物を触りたくなったでしょ？　貴重なブレンドだけあって、お値段もなかなかではあるが、光沢も柔らかさも、後からつけ足したのではない素材本来のもの。編みはじめた時から、そして編み終えて冬が来るたび、この糸で編んだニットに袖を通す時も、ずっとずっと長く、美しい素材のよさを楽しめるはずだ。

　この美しい糸は、「SNOW」という雪をイメージした模様編みのカーディガンに使用した。上質でしっとりとした糸が雪の柄にぴったりで、静かで優しい印象は、梳毛糸ならでは。編んでよかったなあ、とか、この糸を選んでよかったなあと、思っていただける糸だと思う。「ずっと嬉しい」って、時間をかける手仕事には、とても大事だから。

ALPACA SOFT DK アルパカソフト ディーケー

70% Virgin Wool
30% Baby Alpaca
50g
125m / 137yds

作品リスト
Snow…P.024

Alpaca Classic
いいとこどりの配合がもたらす至福

「チクチクしない糸ってどれですか？」
毛糸を買いに来られるお客様からいただく、定番のご質問。それを受けて私がご案内するのは、アルパカの糸。アルパカの毛は表面のうろこがウールほど多くないので、しなやかで柔らかなのだ。お客様の手のひらに毛糸玉をぽん、と乗せると、皆さん決まって顔をゆるめて、やわらかーい、と感嘆の声をあげてくださる。軽いし毛玉ができにくく、放湿性も高い。アルパカはウールやカシミヤなど、獣毛のなかでも群を抜いて、総合点が高い毛糸だ。輸入毛糸店の店主としては、アルパカの糸は敏感肌の方や、柔らかさを重視される方にとってなくてはならない毛糸なので、常に在庫を持つようにしているが、ではデザイナーとしてはどうかというと、ちょっと話が変わってくる。アルパカの、あのくったりとした風合いが私には女性的すぎて、イメージの幅が狭くなりがちになるのだ。

けれども、ROWANから届いたサンプルの中で、一際目を引いたのがAlpaca Classicだった。25gで29色。「編み込みに使ってください」と糸が言っている。そう言われなくとも、模様のイメージがどんどん湧いてくる素晴らしい色ばかり。興奮しながら触ってみると、確かにアルパカの、あのしっとりとした風合いはあるが、同時にしっかりした芯を感じた。成分を見て納得。コットンが4割も入っている。なのに25gで120mと、信じられない軽さである。調べると、コットンをメッシュ状にしているのだそう。空気を入れることで軽く仕上げてあるんだと感動。チクチクゼロで軽くて毛玉もできにくく、カラバリも最高。ローワン天才かよ。

この本では丸ヨークを2点デザインしている。編み込みは暖かいけど重くもなるので、着心地を左右する糸選びには慎重になるのだが、「ちょっとゆったり」のサイズ感も許してくれる軽さのAlpaca Classicは、文句なく編み込みにピッタリの糸。ぜひ、この糸で編んだセーターに、腕を通す幸せを感じてほしい。それはこの糸を選んだ人しか味わえない、究極の、至福です。

ALPACA CLASSIC アルパカクラシック
57% Alpaca
43% Cotton
25g
120m/131yds

作品リスト
Daisy…P.008
Nordic Girl…P.012
Nordic Man…P.014
All you need is love…P.028

Brushed Fleece
初心者さん向けの、頼れるフリース

フリースと聞くと、ポリエステル製のフリースのことと思いがちだが、この糸の名前の由来はそれではなく、1頭の羊から刈り取られたひとつながりの、羊毛のフリースのこと。編むと確かに、ラフに起毛したような編み地で、メリヤスで編んでも様になるし、アランもちゃんと模様が出てくれる。加えてとても軽いので、総アランのセーターも、軽い仕上がりになるのが嬉しい。編むともっちり、そしてふっくらとした仕上がりで、アルパカやウールの天然素材のいいところを、しっかりと感じる素敵な糸だ。

意外性があるとその魅力は増すが、この糸はまさにそんな糸で、編んで着はじめて、ファンになる人がとても多い。そして太いおかげでサクサクと早く仕上がるので、初心者さんが初めてウェアを編む時も、強い味方にもなってくれる。メリヤスの仕上がりにいまいち自信がない人は、編み目がしっかりわかる梳毛糸ではなく、Brushed Fleeceのような輪郭がはっきりしない糸を選ぶといいよ。整っていないメリヤスも、味わいのある編み地に見せてくれる。まず何かひとつ仕上げてみたい、という初心者さんには、迷わずこの糸がおすすめだ。

この本ではジグザグ模様のロングマフラーをデザインした。ブラッシュドフリースの、柔らかで優しい見た目に、ギザギザしたエッジの効いたデザインがおしゃれに決まりそう、と思って選んだのだが、狙い通り、ジグザグラインが適度にほぐれ、味のある素敵なマフラーに仕上がった。軽いのに厚みがある仕上がりなので、上着の代わりにもなるくらい、しっかり暖かな、頼れるマフラーに編み上がるはず。規則性がある模様なので、コツがつかめたらサクサク編めるよ。ウェアはまだちょっと、と思っている初心者さん、ぜひBrushed Fleeceで、まずは初作品にチャレンジだ。

BRUSHED FLEECE ブラッシュドフリース

65% Wool
30% Alpaca
5% Polyamide
50g
105m / 115yds

作品リスト
Zigzag Scarf…P.020

Rowan Sock
贅沢すぎるソックヤーン

靴下編みがちょっとしたブームである。これに合わせて各メーカーさんから、様々なソックヤーンが登場しており、ダイヤーさんの手染め糸も含め、これまでかなりの数のソックヤーンを見てきた。Rowan Sockは、発売がかなり遅かったので、その分期待値も大きかったが、届いたサンプル糸は、私が知っているソックヤーンの、どれとも見た目が違っていた。靴下は唯一「踏むアイテム」で、まずは耐久性、みたいなところがある。だからソックヤーンに繊細さや上品さを重視するなんてことはなかったが、こちらのRowan Sock、細い繊維が何本も束ねられていて、言わないとソックヤーンには見えないくらい、かなり甘撚りの繊細な糸である。編んでみると光沢があり、上品で美しい仕上がりになる。撚りが甘い分ふっくらと仕上がり、目と目の間が詰まることで、結構しっかりとした靴下に仕上がってくれるし、耐久性も今のところ特に問題ない。ちなみに配合のポリアミド（ナイロン）は、エコタイプの土に還る化繊で、こういう配慮も使う側にとっては嬉しい限り。

この本では、編み込みと模様編みの2点を、このローワンソックでデザインした。抑えめだが発色のいい色味が美しく、編み込みも模様編みも、それぞれ大満足の仕上がりになった。毛玉もできにくいし洗濯も楽なので上品で美しい仕上がりのソックヤーン。靴下だけじゃもったいないので、ぜひ普段使いのセーターやショール、帽子や手袋などにも使ってみてほしい。100gで400mもあるから、レディースのセーターなら3玉ほどで編めるのも嬉しい。

ROWAN SOCK ローワンソック

75%Wool
25%Polyamide
100g
400m / 437yds

作品リスト
Bloom Socks…P.032
Botanical Socks…P.034

Point Process-1

ジャーマン・ツイステッド・キャストオン

一般的な指でかける作り目より、伸縮性のある作り目です。
トップダウンのネックまわりや裾の作り目に使用すると着心地よく仕上がります。

1 作りたい幅の4.5倍の糸端を残し、親指と人さし指に糸をかけ、針1本に糸をかけ1目めを作ります。

2 親指にかかっている糸の下から針をくぐらせ、

3 矢印のように針を動かし、向こう側の糸をかけて親指のループに入れます。

4 親指を向こうへ倒してねじれをとります。人さし指にかかっている糸に針をかけ、

5 親指の輪の中にくぐらせます。

6 親指をはずして、

7 糸を引き締めます。

8 2目めができました。

9 これをくり返し、必要目数を作ります。

Point Process-2

ジュディズ・マジック・キャストオン

動画はこちら

靴下をつま先から編むときに使う、マジックループ（P.74参照）で編むための作り目です。メリヤス編みで編んだようにはぎ目がない作り目なので、履きやすくきれいなつま先ができます。

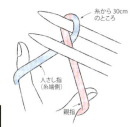

1
棒針の針を2本揃えて持ち、糸端から約30cmのところを上側の針に、手前に糸端が来るようにかけ、クロスしてから親指と人さし指にかけます。

2
人さし指の糸を下の針に手前から向こう側にかけます。

3
上の針に1目、下の針に1目、これがペアになります。

4
矢印のように親指の糸を手前から向こう側にかけます。

5
上の針に2目めができました。

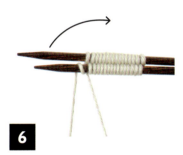

6
2～5をくり返し、最後は下の針に作ります。必要な目数ができたら、表側をこちらに向けたまま、針先を右側に向けます。

7
糸端を最後にかけた糸の上に重ねて下へ引き、

8
下側の針を矢印のように引き出し、目をコードに移します。

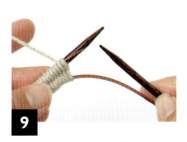

9
引き出した針で半周(上の針の目)を編みます。

10
編み終わったら6～と同じように針先を右に向けて針を引き出し、残りの半周を編みます。針を替えた最初の目はゆるみやすいので、きつめに編むときれいです。

Point Process-3

かけ目の伏せ止め

伸縮のある伏せ止めです。
伸び止まりがありませんので、脱ぎ着がしやすくなります。

1 最初にかけ目をし、次の目を最終段と同じように編みます。

2 かけ目をして表目を1目編んだところ。

3 かけ目に左針を入れ、表目にかぶせます。

4 かけ目をかぶせました。

5 続けて通常の伏せ止めをします。右の目に左針を入れて、かぶせます。

6 かけ目の伏せ止めができました。

7 次の目は裏目です。かけ目をしたら糸を手前にして、

8 裏目を編みます。

9 かけ目を裏目にかぶせます。

10 さらに右の目に左針を入れてかぶせます。

11 かけ目の伏せ止めが2目できました。

12 1〜11をくり返します。

Point Process-4

縫い止め

動画はこちら

とじ針を使って目を止める方法です。
伏せ止めよりもさらに伸縮があり美しく仕上がります。

1 編み地の3〜4倍の長さを残して糸を切り、とじ針に通します。2目にとじ針を入れます。

2 糸を引きます。

3 右の目の手前から向こうにとじ針を入れます。2目めにとじ針の糸が重なります。このとき少し糸を引き気味にします。

4 左針から1目だけをはずします。1〜4をくり返して目を止めます。

5 伸縮のある縫い止めができました。最後は糸を一番最初の目に通してから糸始末をします。

Point Process-5

ラップ&ターン

編み地に斜めのラインを作る「引き返し編み」が簡単に編める方法です。
編み目に糸をかけてラップし、編み地を返して(ターン)引き返して編みます。
「段消し」という作業をすることで編み目に段差がなくなり、きれいに仕上がります。

[右側]

1 裏からの段(◎)です。残す目の手前まで編んだら糸を手前に出し、矢印のように次の目に右針を入れ、

2 編まずに右針に移し、編んできた糸を向こう側にまわします。

3 表に返し、移した目に矢印のように右針を入れて戻します。

4 右側の■の目がラップされました。

5 糸を向こう側にまわし、次の目を

6 表目に編みます。次からは記号図通りに編み進めます。

[段消し]

7 裏からの段で段消しします。ラップした目の手前まで編んだら、ラップした糸に右針を入れ、

8 左針にかけます。矢印のように針を入れ、

9 2目を一緒に裏目で編みます。段消しができました。

46

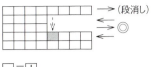 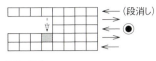

□ = |
■ の目にラップする

□ = |
■ の目にラップする

[左側]

1. 表からの段（●）です。残す目の手前まで編んだら矢印のように右針を入れ、

2. 編まずに右針に移します。編んできた糸は手前にまわします。

3. 裏に返し、移した目に矢印のように右針を入れて戻します。

4. 左側の■の目がラップされました。

5. 糸を手前に出し、次の目を

6. 裏目で編みます。次からは記号図通り編み進めます。

[段消し]

7. 表からの段で段消しします。ラップした目の手前まで編めました。矢印のように針を入れ、

8. ラップした糸と一緒に表目で編みます。

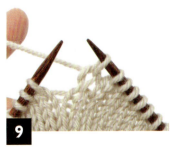

9. 段消しができました。

About Yarns
実物大糸写真

Alpaca Classic ［アルパカクラシック］
アルパカ57%、コットン43%　色数／29　仕立て／25g玉巻・約120m　糸のタイプ／中細　適正棒針／5号（3.75mm）

Alpaca Soft DK ［アルパカソフト ディーケー］
バージンウール70%、アルパカ30%　色数／22　仕立て／50g玉巻・約125m　糸のタイプ／並太　適正棒針／6号（4mm）

Big Wool ［ビッグウール］
ウール100%　色数／33　仕立て／100g玉巻・約80m　糸のタイプ／超極太　適正棒針／10〜15mm

Brushed Fleece ［ブラッシュドフリース］
ウール65%、アルパカ30%、ナイロン5%　色数／15　仕立て／50g玉巻・約105m　糸のタイプ／並太　適正棒針／13号（6mm）

Felted Tweed ［フェルテッドツイード］
ウール50%、アルパカ25%、レーヨン25%　色数／63　仕立て／50g玉巻・約175m　糸のタイプ／合太　適正棒針／5〜7号（3.75〜4mm）

Felted Tweed Aran ［フェルテッドツイード アラン］
ウール50%、アルパカ25%、レーヨン25%　色数／9　仕立て／50g玉巻・約87m　糸のタイプ／並太　適正棒針／9〜10号（5mm）

Kidsilk Haze ［キッドシルクヘイズ］
モヘヤ70%、シルク30%　色数／81　仕立て／25g玉巻・約210m　糸のタイプ／極細　適正棒針／4〜9号（3.25〜5mm）

Pure Wool Superwash Worsted ［ピュアウール スーパーウォッシュ ウーステッド］
ウール100%　色数／24　仕立て／100g玉巻・約200m　糸のタイプ／並太　適正棒針／8号（4.5mm）

Rowan Sock ［ローワンソック］
ウール75%、ナイロン25%　色数／12　仕立て／100g玉巻・約400m　糸のタイプ／合太　適正棒針／1〜2号（2.5mm）

※2024年11月1日現在。糸は予告なく廃番・廃色になることがあります。ご了承ください。

About Written Pattern

文章パターンについて

ニットデザイナーで翻訳家でもある西村知子先生に、「どうして海外のパターンは文章なのですか？」と聞いたことがあります。編み図や編み目の記号は日本発祥だというのは知っていたのですが、ではなぜ編み物の本場、海外ではそれが文章なのか。すると先生から、意外な言葉が返ってきました。「編み物は、人から人に伝えるものだからです」と。シンプルで強い言葉に、とても感動したのを覚えています。そして編み物を支えてきたのが、人と人のつながりであるということの美しさに改めて、やっぱり編み物が好きだー！と思えたのでした。
さて今回の『amuhibi meets ROWAN』は、そんな編み物の文化と歴史に敬意を表して、またROWANという、イギリスの老舗糸メーカーにちなみ、通常の編み図に加えて文章パターンをご用意しました。こちらはすべての作品についており、無料でダウンロードしていただけます。文章パターンは、例えて言うなら料理のレシピに似ています。する必要があることが、順序立てて書かれているので、その通りに編み進めてください。amuhibiのチェックシートは文章パターンを表組みにしたようなもので、どちらも編み図を読み解く必要がないため、初心者の方にもわかりやすいと思います。気がついたらカレーができているように、セーターが、帽子が、編み進められるはずです。

Written Pattern for
Daisy & Mohair Socks

50〜52ページに、Daisy（P.8）とMohair Socks（P.22）の
文章パターンを掲載していますので、見てみてください。
各作品の文章パターンはこちらからダウンロードしていただけます。

Written Pattern KNIT 02 Daisy (P.8) の文章パターン

衿ぐりからトップダウンで輪に編みます。ヨークと袖の編み込み模様は横に糸を渡す方法で編みます。
編み込み模様とヨークの分散増し目は図を参照してください。

[略語]
表目○＝表目で○目編む
MC＝地色
CC＝配色

[別に用意するもの]
マーカー（目数リング）

[編み方]
衿
MCと3.5mm針を使い、指でかける作り目で126目作る。
ねじれないように輪にし、周の始めのマーカーを入れる。
周1：最後まで［表目1、裏目1］をくり返す、マーカーを移す。
周1をさらに16回くり返す。

ヨーク
3.75mmの針に替える。
周1〜72：編み込み模様Aに従って、1模様を18回くり返して編む。
指定の位置で均等に増し目をする。
周3で18目増、周5、15、29、41、53で各36目増、周65で72目増、計270目増、396目になる。

前後差を編む
ここからMCだけで編む。
後ろ身頃のみを往復編みにする。
段1（表側）：編み始めのマーカーをはずす、表目5目、マーカーを入れる、
表目27、［右上2目一度、表目20］×4回、表目7、裏返す。…4目減、118目になる。
後ろ身頃の目以外は針にかけたまま休ませておく。
段2（裏側）：マーカーまで裏目で編む、裏返す。
段3－8：メリヤス編みで往復に編む。

袖と身頃を分けて、身頃を輪に編む
周1：表目118、後ろ身頃のマーカーを外す、次の76目を別糸に取る、巻き増し目10（14）、
前身頃から表目27、［右上2目一度、表目20］×4回、表目7、次の76目を別糸に取る、
巻き増し目5（7）、新しい編み始めのマーカーを入れる、巻き増し目5（7）。計256（264）目になる。
周2－80（90）：マーカーを移しながらメリヤス編みで編む。

裾
3.5mm針に替える。
周1－22：マーカーを移しながら1目ゴム編みで編む。
編み終わりは最終段の目を編みながら伏せ止めにする。

右袖
拾い目の周：MCと3.75mmの針で、後ろ身頃の脇下の作り目半分から5（7）目拾い目、
後ろ身頃の前後差から7目拾い目、袖の休み目から{15目拾い目、［右上2目一度、20目拾い目］×2回、
右上2目一度、15目拾い目}、前身頃の脇下の作り目半分から5（7）目拾い目、
周の始めのマーカーを入れる。計90（94）目になる。

周1－7：マーカーを移しながらメリヤス編みで編む。
周8（減目周）：表目1、左上2目一度、マーカーの3目手前まで表目、右上2目一度、
表目1、マーカーを移す。…2目減。
周75（83）までメリヤス編みで編む。Mサイズは周16、26、36、46、56、66、Lサイズは周16、
24、32、48、56、64、74で減目周を編む。…12（16）目減。76目になる。

袖の編み込み模様
周1－12：編み込み模様Bに従って、マーカーを移しながら編む。
周1（減目周）：編み込み模様Bを続けながら［(表目11、右上2目一度)×2回、
表目10、右上2目一度］×2回、マーカーを移す。…6目減。70目になる。
周2－14：編み込み模様Bを続け、マーカーを移しながら編む。

袖口
3.5mm針に替え、MCのみで編む。
周1－22：マーカーを移しながら1目ゴム編みで編む。
編み終わりは裾と同様の伏せ止めにする。

左袖
拾い目の周：MCと3.75mmの針で、前身頃の脇下の作り目半分から5（7）目拾い目、
袖の休み目から〈15目拾い目、［右上2目一度、20目拾い目］×2回、右上2目一度、15目拾い目〉、
後ろ身頃の前後差から7目拾い目、後ろ身頃の脇下の作り目半分から5（7）目拾い目、
周の始めのマーカーを入れる。計90（94）目になる。

ここから右袖と同様に編む。

仕上げ
糸始末をし、ブロッキングをして仕上げる。

Written Pattern KNIT 09 Mohair Socks (P.22) の文章パターン

[略語]
表目○＝表目で○目編む

[別に用意するもの]
マーカー（目数リング）

[編み方]
◎右足

つま先
3.5mmの針を使い、ジュディズ・マジック・キャストオンで24目作り目する。
編み始めのマーカーを入れる。

周1：表目12、マーカーを入れる、表目12、編み始めのマーカーを移す。
周2（増し目周）：［表目1、右増し目、マーカーの1目手前まで表目、左増し目、表目1、マーカーを移す］
を2回くり返す。…4目増。
周3：［マーカーまで表目、マーカーを移す］を2回くり返す。
周4－12：周2－3をさらに4回くり返す、周2をさらに1回くり返す。…20目増。48目。

甲と底
周1−36（40）：［マーカーまで表目、マーカーを移す］を2回くり返す。

甲とかかと
甲を編み続けながら、かかとの増し目をする。
周1：［マーカーまで表目、マーカーを移す］を2回くり返す。

周2（増し目段）：マーカーまで表目、マーカーを移す、表目1、右増し目、最後の1目手前まで表目、左増し目、表目1、マーカーを移す。…2目増。

周3−18：周1−2をさらに8回くり返す。…16目増。66目。
（甲側24目、かかと側42目。）

かかとまち
周1：マーカーまで表目、マーカーを移す、ここから甲側の目を針にかけたまま休め、かかと側の目を往復編み（引き返し編み）にする。
表目23、右上2目一度、表目1、編み地を返す。…1目減。
段2（裏側）：すべり目1、裏目5、裏目の左上2目一度、裏目1、編み地を返す。…1目減。
段3（表側）：すべり目1、表目6、右上2目一度、表目1、編み地を返す。…1目減。
段4：すべり目1、裏目7、裏目の左上2目一度、裏目1、編み地を返す。…1目減。
段5：すべり目1、表目8、右上2目一度、表目1、編み地を返す。…1目減。
段6：すべり目1、裏目9、裏目の左上2目一度、裏目1、編み地を返す。…1目減。
段7：すべり目1、表目10、右上2目一度、表目1、編み地を返す。…1目減。
段8：すべり目1、裏目11、裏目の左上2目一度、裏目1、編み地を返す。…1目減。
段9：すべり目1、表目12、右上2目一度、表目1、編み地を返す。…1目減。
段10：すべり目1、裏目13、裏目の左上2目一度、裏目1、編み地を返す。…1目減。
段11：すべり目1、表目14、右上2目一度、表目1、編み地を返す。…1目減。
段12：すべり目1、裏目15、裏目の左上2目一度、裏目1、編み地を返す。…1目減。
段13：すべり目1、表目16、右上2目一度、表目1、編み地を返す。…1目減。
段14：すべり目1、裏目17、裏目の左上2目一度、裏目1、編み地を返す。…1目減。
段15：すべり目1、表目18、右上2目一度、表目1、編み地を返す。…1目減。
段16：すべり目1、裏目19、裏目の左上2目一度、裏目1、編み地を返す。…1目減。
段17：すべり目1、表目20、右上2目一度、表目1、編み地を返さず、マーカーを移動して次の周に編む。…1目減。かかとまちの目は25目。

足首
輪編みに戻る。
周1：編み始めのマーカーまで表目、マーカーを移す、表目1、左上2目一度、マーカーまで表目、マーカーを移す。…1目減。48目（マーカー間は各24目）になる。

周2−34：［マーカーまで表目、マーカーを移す］を2回くり返す。
編み終わりはかけ目の伏せ止めにする。

◎左足
右足と同様に編む。

仕上げ
糸始末をし、ブロッキングをして仕上げる。

How to Knit
編み方、作り方

- 図中の数字の単位はcmです。
- 本誌では棒針のサイズをmm表示にしていますが、利便性を考慮して一番近い太さの日本規格の棒針の号数も表示しています（JP○号）。針の選択にあたっては右の表もご参照ください。
- この本の作品の編み方は、レディースはM・Lの2サイズ、ユニセックスウエア（KNIT_04,05,13）はS・M・L・LL・3Lの5サイズ、メンズベスト（KNIT_03）はM・L・LLの3サイズで表示しています。
- モデルが着用しているサイズは、レディースウエアはMサイズ、KNIT_04（Nordic Girl）もM、KNIT_05（Nordic Man）とKNIT_13（Seeds）が3L、KNIT_03（Twist）がLLです。モデルの身長は、女性が178cm、男性が186cmです。記載の作品寸法を参考に、ご自分の体形やお好みに合わせて、身幅や丈をアレンジして編んでください。
- 作品のサイズは編む手加減で変わります。指定糸で編む場合も、作品を編み始める前に必ずゲージをとりましょう。（15～20cm四方の編み地を編み、中央の10cm四方の目数・段数を測る）指定のサイズ通りに仕上げたい場合は表示のゲージに合わせて針の号数を変えて調整してください。（編み上がりが小さい場合は針の号数を上げる、大きい場合は針の号数を下げる）
- 使用糸、使用色は予告なく廃番になることがあります。ご了承ください。
- 編み方の基礎は、42ページからのポイント解説と112ページからのテクニックガイドをご参照ください。

棒針の太さ対照表

mm	日本の針の号数	US 針の号数
2.00		0
2.10	0	
2.25		1
2.40	1	
2.50		1 $\frac{1}{2}$
2.70	2	
2.75		2
3.00	3	2 $\frac{1}{2}$
3.25		3
3.30	4	
3.50		4
3.60	5	
3.75		5
3.90	6	
4.00		6
4.20	7	
4.50	8	7
4.80	9	
5.00		8
5.10	10	
5.40	11	
5.50		9
5.70	12	
6.00	13	10
6.30	14	
6.50		10 $\frac{1}{2}$
6.60	15	
7.00	7mm	
8.00	8mm	11
9.00	9mm	13
10.00	10mm	15

ジャーマン・ツイステッド・キャストオン…42
ジュディズ・マジック・キャストオン…43
かけ目の伏せ止め…44
縫い止め…45
ラップ＆ターン…46
マジックループの方法…74
Basic Technique Guide…112

各作品の文章パターンはこちらからダウンロードできます。

編み方に間違いがあった場合はこちらに掲載します。
コード番号「70794」を入力してご確認ください。

KNIT01
Cocoon

☞ P.6

YARN
使用糸 / ROWAN（ローワン） Kidsilk Haze（キッドシルクヘイズ） ピンク（709）
M/95g=4 玉、L/100g=4 玉

TOOL
棒針 5.0mm（JP10 号）、4.5mm（JP8 号）

SIZE
M/ 胸囲 112cm、丈 63.5cm、ゆき丈 71cm
L/ 胸囲 118cm、丈 65.5cm、ゆき丈 74.5cm

GAUGE
10cm 平方でメリヤス編み 18目・24段

HOW TO
◎身頃、サイド…糸は1本で指でかける作り目をして編み始め、メリヤス編みで編みます。身頃の脇は1目内側でかけ目とねじり目の増し目にします。衿ぐりの減目は、2目以上は伏せ目、1目は端1目を立てる減目にします。肩は編み残しの引き返し編みをして肩下がりを作ります。サイドの脇は端2目立てる減目にし、編み終わりは伏せ止めます。

◎まとめ…肩は外表に合わせてかぶせはぎにします。袖は身頃の裏を見ながら目を拾い、糸1本でメリヤス編み、2本どりで1目ゴム編みを編みます。袖下の減目は端2目立てる減目にします。編み終わりは伏せ止めます。身頃とサイド、袖下を中表に合わせてすくいとじにします。衿、裾は増し目しながら指定の目数を拾い、2本どりで1目ゴム編みを輪に編み、表目は表目に裏目は裏目に編んでかけ目の伏せ止め（P.44 参照）にします。

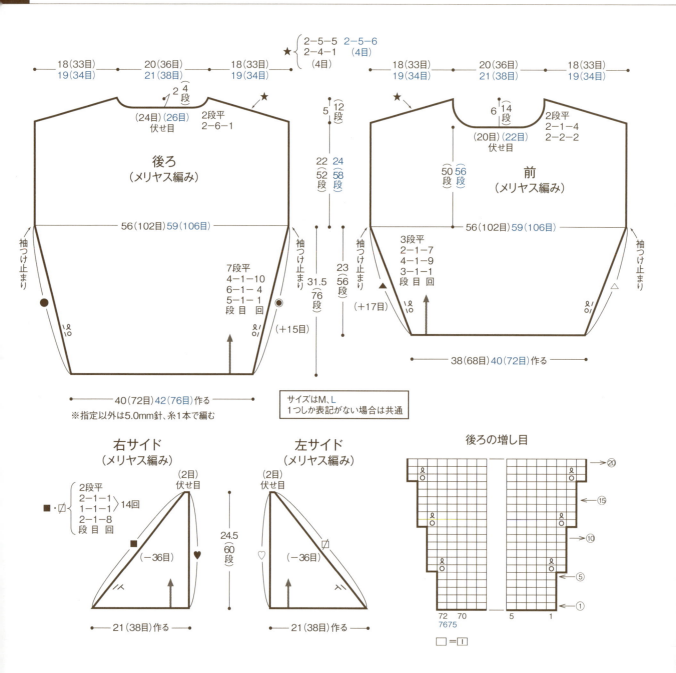

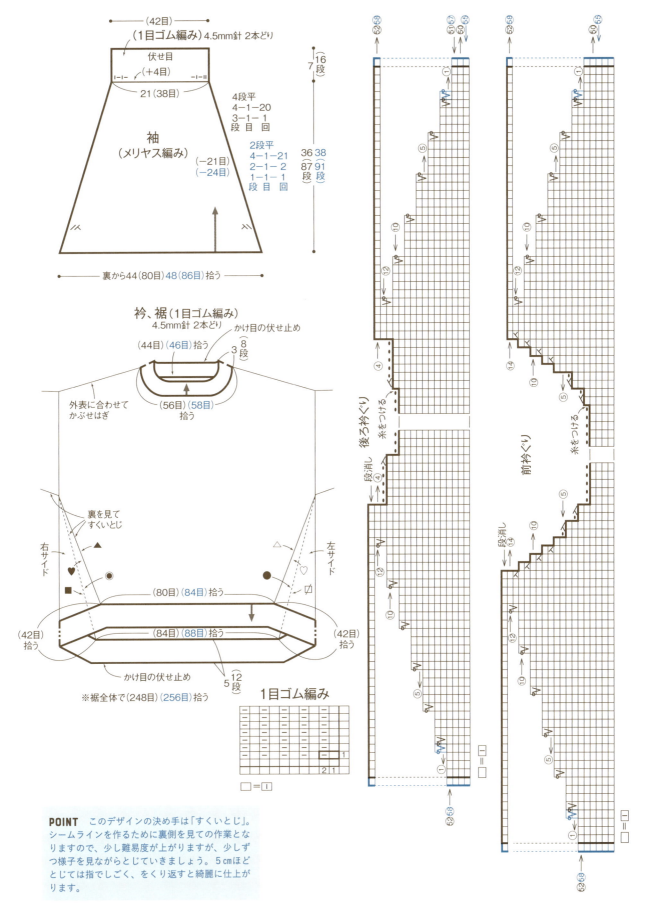

KNIT02
Daisy
☞ P.8

YARN
使用糸／ROWAN（ローワン） Alpaca Classic（アルパカクラシック） こげ茶（117）
M/225g=9玉、L/260g=11玉、薄ピンク（116）
M/30g=2玉、L/35g=2玉、オレンジ色（113）
M/15g=1玉、L/20g=1玉

TOOL
棒針 3.75mm（JP6号）、3.5mm（JP5号）

SIZE
M/胸囲102cm、着丈60cm、ゆき丈71.5cm
L/胸囲106cm、着丈63cm、ゆき丈74cm

GAUGE
10cm平方でメリヤス編み 25目・30段、編み込み模様A、Bとも 26目・30段

HOW TO
◎衿、ヨーク、身頃、袖…衿は指でかける作り目をして編み始め、1目ゴム編みで輪に編みます。ヨークは増し目をしながら編み込み模様Aで編みます。編み込み模様は糸を横に渡す方法で編みます。身頃は均等な位置で減目をしながらヨークから目を拾い、後ろの前後差をメリヤス編みで往復に編みます。まちで巻き目の作り目をしながら身頃をメリヤス編みで輪に編みます。続けて1目ゴム編みで編み、編み終わりは表目は表目に裏目は裏目に編んで伏せ止めます。袖はヨークの休み目とまち、前後差部分から目を拾い、袖下で減目をしながらメリヤス編みで編みます。続けて模様B、1目ゴム編みで編みますが、模様Bは12段編んだら均等な位置で減目をします。編み終わりは裾と同様にします。

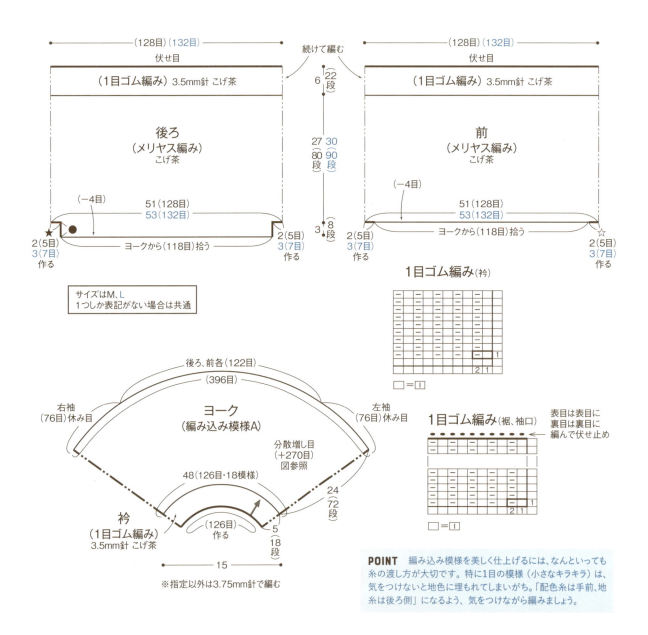

POINT　編み込み模様を美しく仕上げるには、なんといっても糸の渡し方が大切です。特に1目の模様（小さなキラキラ）は、気をつけないと地色に埋もれてしまいがち。「配色糸は手前、地糸は後ろ側」になるよう、気をつけながら編みましょう。

58ページへ続く

57ページの続き（02の作品）

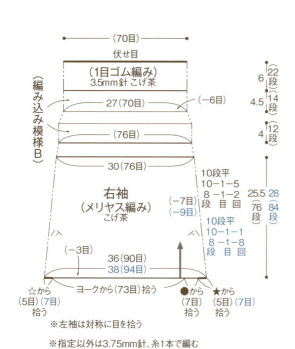

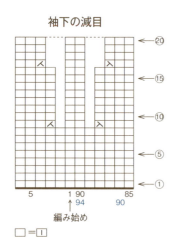

袖下の減目

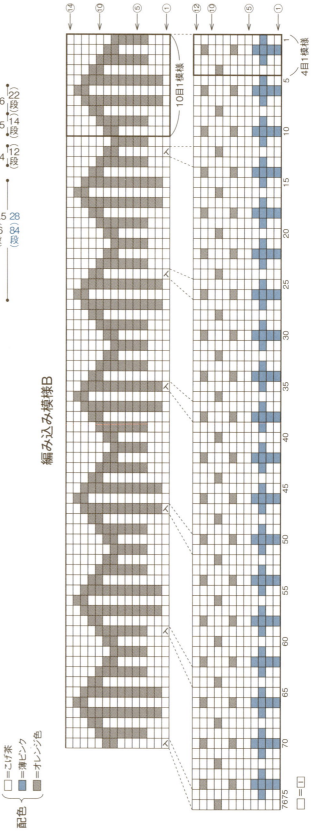

編み込み模様B

KNIT12
All you need is love

☞ P.28

YARN
使用糸 / ROWAN（ローワン）
Alpaca Classic(アルパカクラシック)　黄土色
(114) M/120g=5玉、L/140g=6玉、
紺 (104) M/70g=3玉、L/75g=3玉、
グレー (101) M/60g=3玉、L/65g=3玉、青緑 (108) M・L/各10g=1玉

TOOL
棒針 3.5mm（JP5号）、3.3mm（JP4号）、3.0mm（JP3号）

SIZE
M/ 胸囲 104cm、着丈 53cm、ゆき丈 77cm
L/ 胸囲 110cm、着丈 56cm、ゆき丈 79.5cm

GAUGE
10cm平方でメリヤス編み 25目・30段、編み込み模様A (3.5mm針)、Bとも26目・30段、A (3.3mm針) 28目・30段

HOW TO
◎衿、ヨーク、身頃、袖…衿はジャーマン・ツイステッド・キャストオン（P.42参照）をして編み始め、1目ゴム編みで輪に編みます。ヨークは増し目をしながら、途中で針の号数をかえて編み込み模様Aで編みます。編み込み模様は糸を横に渡す方法で編みます。身頃は均等な位置で減目をしながらヨークから目を拾い、後ろの前後差をメリヤス編みで往復に編みます。まちで巻き目の作り目をしながら身頃をメリヤス編み、編み込み模様Bで輪に編みます。編み込み模様は糸を横に渡す方法で編みます。続けて1目ゴム編みで編み、編み終わりは表目は表目に裏目は裏目に編んで伏せ止めます。袖はヨークの休み目とまち、前後差部分から目を拾い、袖下で減目をしながらメリヤス編み、編み込み模様B、1目ゴム編みで編み、編み終わりは裾と同様にします。

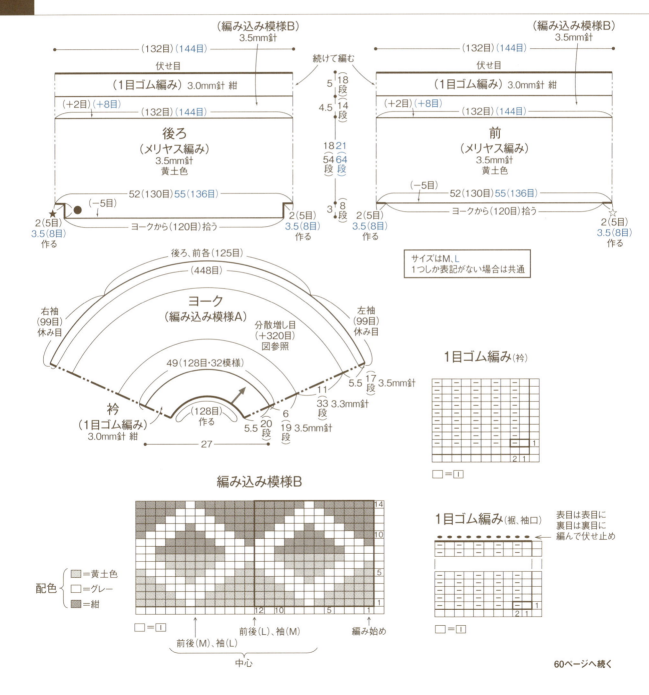

60ページへ続く

59ページの続き（12の作品）

POINT ヨークの文字の部分は、ゲージが他と異なるので、手加減に注意して編んでください。ゲージの確認用にスワッチを編んだら、水通しのあと、乾燥させて仕上げるところまでやりましょう。遠回りに思えますが、やっておくと最後まで安心して編めます。急がば回れよ、ぜひ！

ヨークの分散増し目

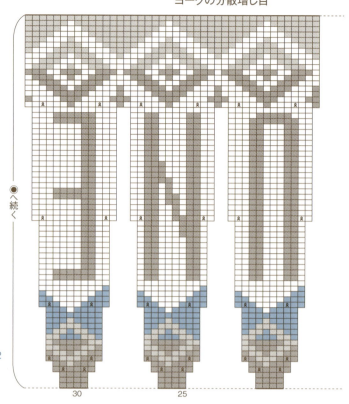

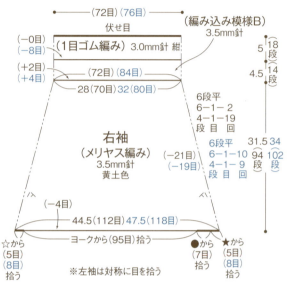

袖下の減目

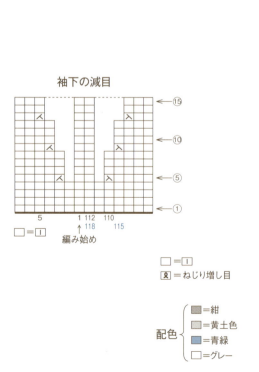

□ = □
☒ = ねじり増し目

配色
- ■ = 紺
- ▨ = 黄土色
- ▨ = 青緑
- □ = グレー

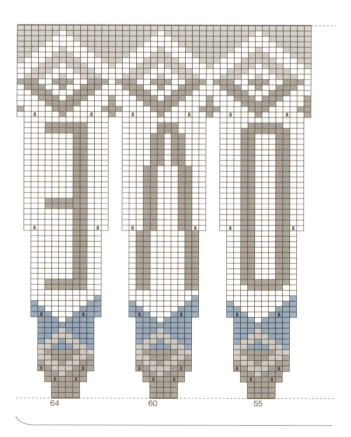

編み込み模様A

2回くり返す

編み始め

前後中心

KNIT03
Twist

☞ P.10

YARN
使用糸 / ROWAN（ローワン） Felted Tweed Aran（フェルテッドツイード アラン） グレー（777） M/445g=9 玉、L/510g=11 玉、LL/545g=11 玉

TOOL
棒針 5.0mm（JP10 号）、4.5mm（JP8 号）

SIZE
M/ 胸囲 104cm、背肩幅 49cm、丈 64cm
L/ 胸囲 112cm、背肩幅 50cm、丈 68cm
LL/ 胸囲 124cm、背肩幅 54cm、丈 72cm

GAUGE
10cm 平方で模様編み 21 目・24 段

HOW TO
◎身頃…指でかける作り目をして編み始め、2目ゴム編み、模様編みで編みます。脇下まで編んだら、減目は 2 目以上は伏せ目、1 目は端 1 目を立てる減目にします。肩下がりはラップ＆ターン（P.46 参照）で編みます。
◎まとめ…肩はかぶせはぎにします。脇はすくいとじにします。衿、袖ぐりは指定の目数を拾い、2目ゴム編みで輪に編みます。編み終わりは表目は表目に裏目は裏目に編んで伏せ止めます。

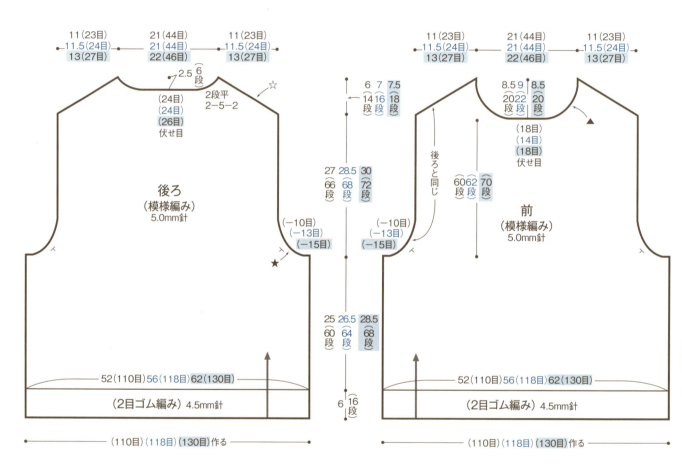

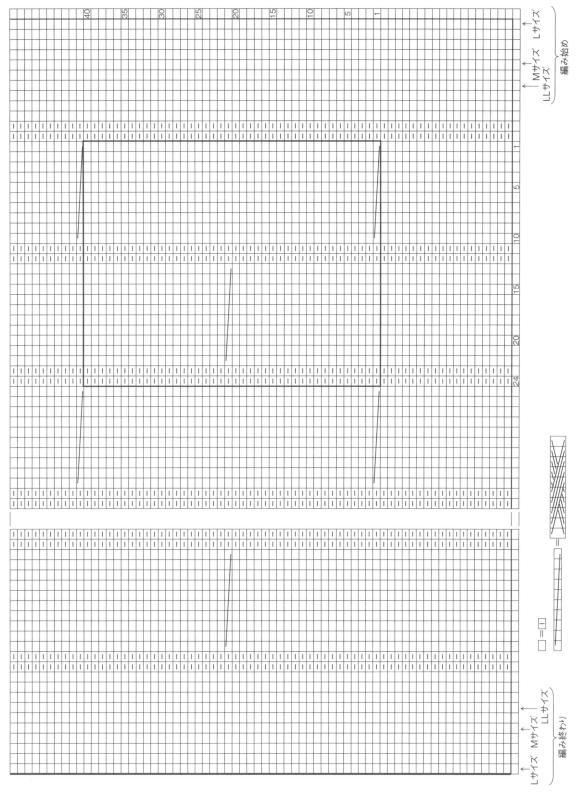

64ページへ続く

63ページの続き（03の作品）

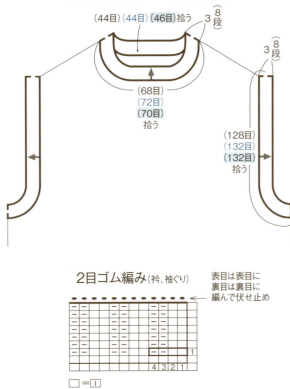

衿、袖ぐり（2目ゴム編み）4.5mm針

2目ゴム編み（衿、袖ぐり）
表目は表目に 裏目は裏目に 編んで伏せ止め

□ = |

POINT 交差編み（なわ編み）の目数も、次の交差までの段数も多い、とてもゆったりしたアラン模様です。交差編みに慣れていない人は、なわ編み針（交差針）があった方がやりやすいかも。フェルト化した糸は糸割れしないので、慣れれば編み針だけでもサクサク編めますよ。

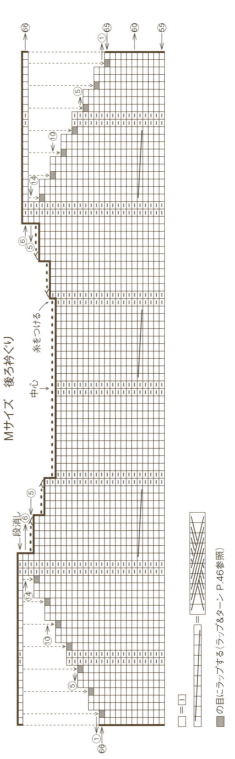

Mサイズ　後ろ衿ぐり

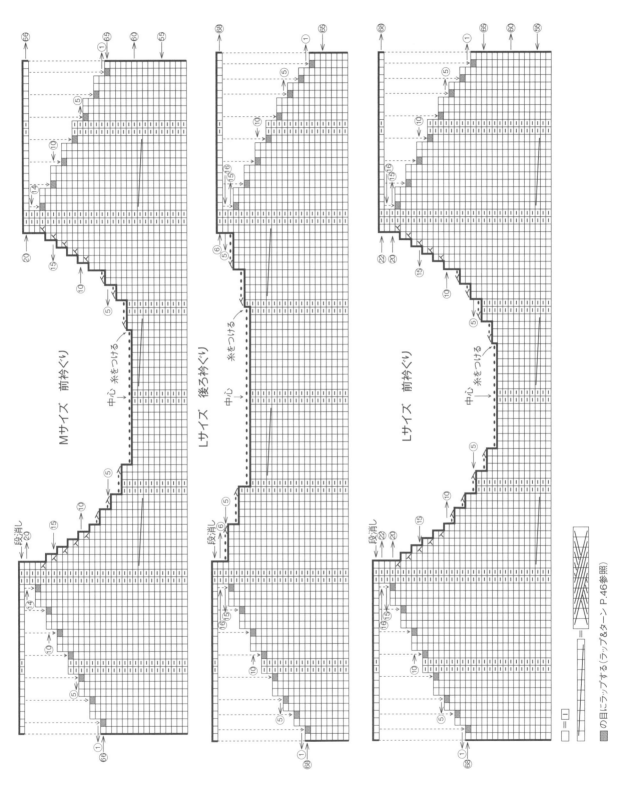

66ページへ続く

65ページの続き（03の作品）

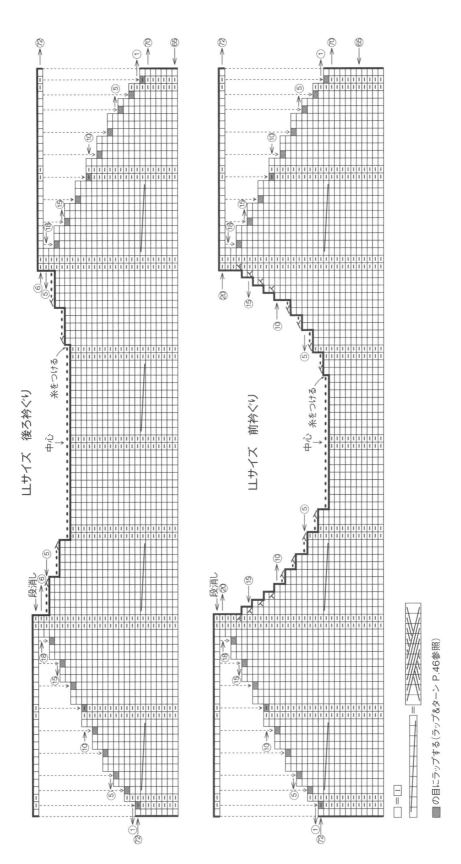

KNIT 15
Botanical Socks
☞ P.34

YARN
使用糸 / ROWAN（ローワン） Rowan Sock（ローワンソック） 紺（011）60g=1玉、黄（010）20g=1玉

TOOL
棒針 2.5mm（JP1号）

SIZE
底丈 M/ 21.5cm　L/ 22.5cm、M,Lとも丈 17.5cm

GAUGE
10cm平方でメリヤス編み 34目・45.5段、編み込み模様A、A'、Bとも 34目・38.5段、1目ゴム編み 40目・40段

HOW TO
◎ジュディズ・マジック・キャストオン（P.43参照）で編み始め、メリヤス編みでつま先から輪に編みます。増し目は右増し目、左増し目で編みます。続けて甲側を編み込み模様Aまたは A'、底側を編み込み模様Bで編みます。かかとはつま先と同様の増し目をしながらメリヤス編みで編みます。かかとまち部分は甲側の目を一旦休めておき、図を参照してメリヤス編みを往復編みで編みます。足首は1目ゴム編みで輪に編みます。編み終わりはかけ目の伏せ止め（P.44参照）にします。

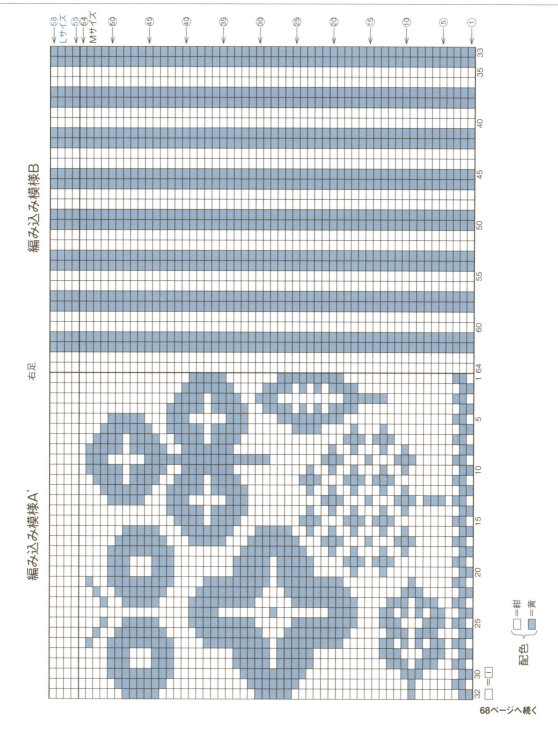

68ページへ続く

67ページの続き（15の作品）

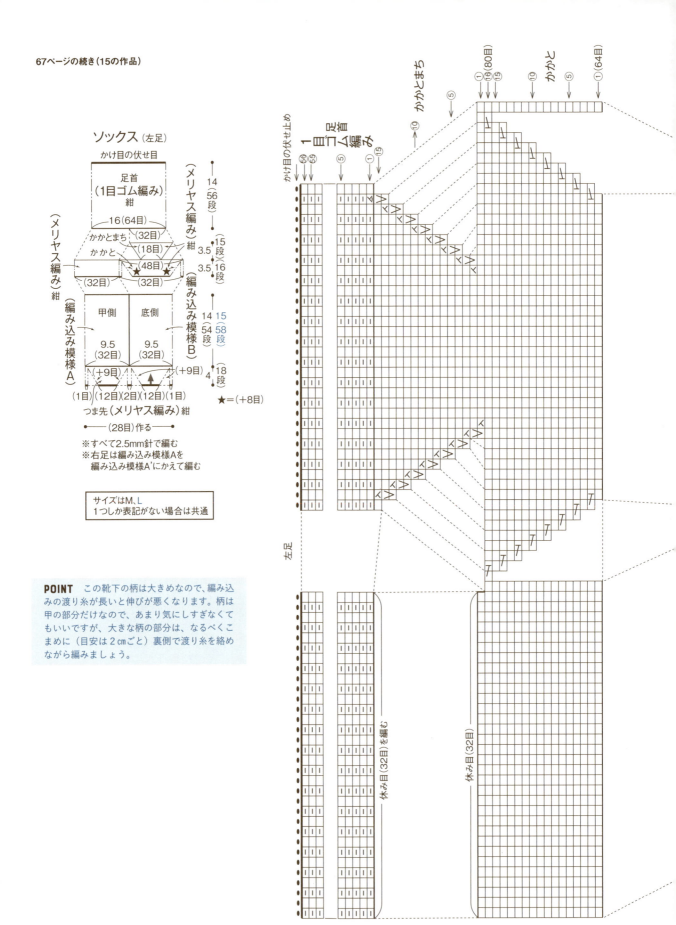

POINT この靴下の柄は大きめなので、編み込みの渡り糸が長いと伸びが悪くなります。柄は甲の部分だけなので、あまり気にしすぎなくてもいいですが、大きな柄の部分は、なるべくこまめに（目安は2cmごと）裏側で渡り糸を絡めながら編みましょう。

KNIT04
Nordic Girl

☞ P.12

YARN
使用糸 / ROWAN(ローワン) Felted Tweed (フェルテッドツイード) 黒(211) S/250g=5玉、M/260g=6玉、L/300g=6玉、LL/330g=7玉、3L/360g=8玉、茶(175) S/35g=1玉、M/35g=1玉、L/40g=1玉、LL/45g=1玉、3L/45g=1玉、Alpaca Classic(アルパカクラシック) グレー(101)S/70g=3玉、M/70g=3玉、L/80g=4玉、LL/90g=4玉、3L/100g=4玉

TOOL
棒針 3.75mm (JP6号)、3.5mm (JP5号)

SIZE
S/ 胸囲 98cm、着丈 62cm、ゆき丈 76cm
M/ 胸囲 102cm、着丈 63cm、ゆき丈 78cm
L/ 胸囲 108cm、着丈 68cm、ゆき丈 81cm
LL/ 胸囲 116cm、着丈 71cm、ゆき丈 83.5cm
3L/ 胸囲 124cm、着丈 74cm、ゆき丈 85cm

GAUGE
10cm 平方で編み込み模様 28目・28段

HOW TO
◎身頃、袖…指でかける作り目をして編み始め、2目ゴム編み、編み込み模様で編みます。編み込み模様は糸を横に渡す方法で編みます。ラグラン線の減目は端1目を立てる減目にします。衿ぐりの減目は2目以上は伏せ目、1目は端1目を立てる減目にします。袖下の増し目は1目内側でねじり増し目にします。
◎まとめ…ラグラン線、脇、袖下はすくいとじ、まちの目はメリヤスはぎにします。衿は指定の目数を拾い、2目ゴム編みで編みます。編み終わりは表目は表目に裏目は裏目に編んで伏せ止めます。

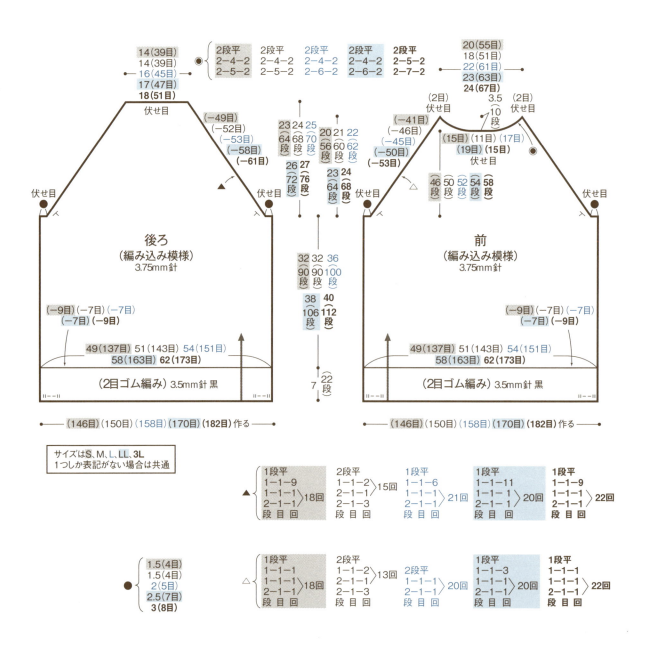

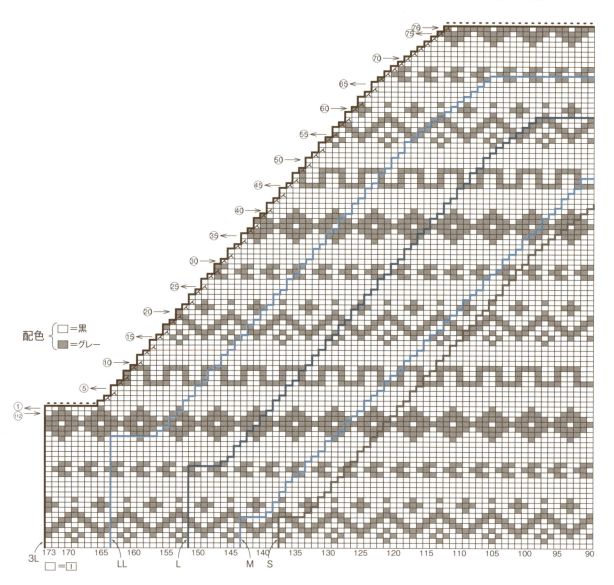

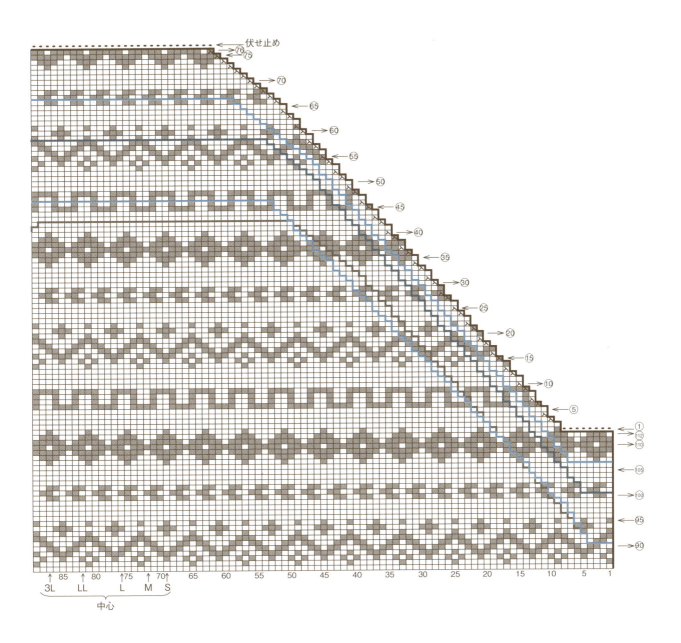

73ページの続き(04の作品)　　　　　　　　　　　　ラグラン線と衿ぐりの減目(前)

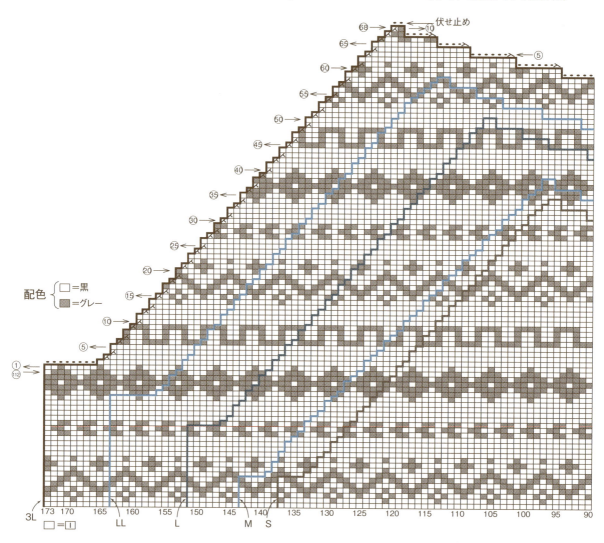

マジックループの方法

この本に掲載の靴下は、「マジックループ」という編み方で編むことが前提となっています。マジックループとは編み地から輪針のコードを引き出して輪に編む方法で、編み地から余分な長さのコードを引き出して編むので、コードの長さより小さな輪を編むことができます。60cmもしくは80cmの輪針で、柔らかなコードのものがおすすめです。

❶指でかける作り目で、必要目数を作ります。
❷作り目を針からコードに移動して半分に分け、目と目の間からコードを引き出します。それぞれの目を針に移動します。
編む糸がついている方を向こう側にして、作り目がかかった針を2つ重ねます（表側が外側になるように）。このとき、目がねじれていないか必ず確認します。
❸編む糸が2つの針の間から出ていることを確認してから、向こう側の針を目から引き出して、編み始めにマーカーを入れて手前の針にかかった作り目を編みます。
❹手前側を編み終わったら前後を返して残り半分を編みますが、残りの目はコードにかかっているので、まずはコードを左側に引っ張って、目を針側に移動させます。❸と同じように後ろ側の針を目から引き出して、残りの目を編みます。
❺これをくり返しながら編んでいきます。

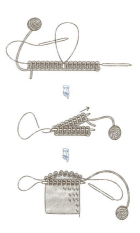

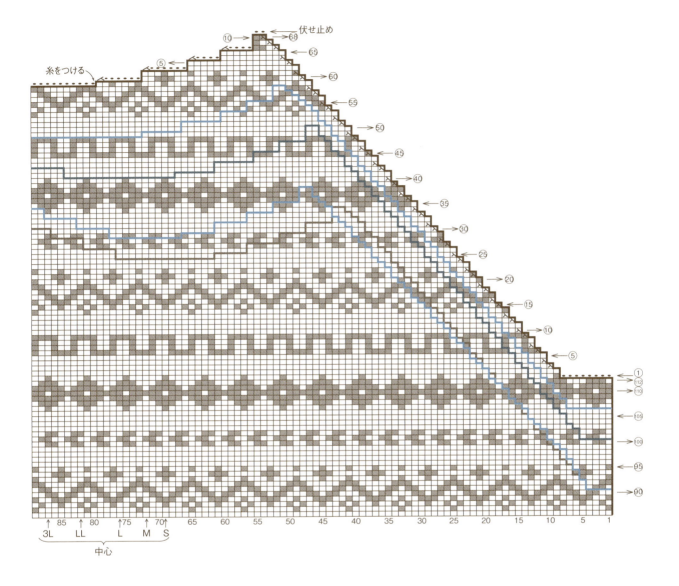

75ページの続き（04の作品）

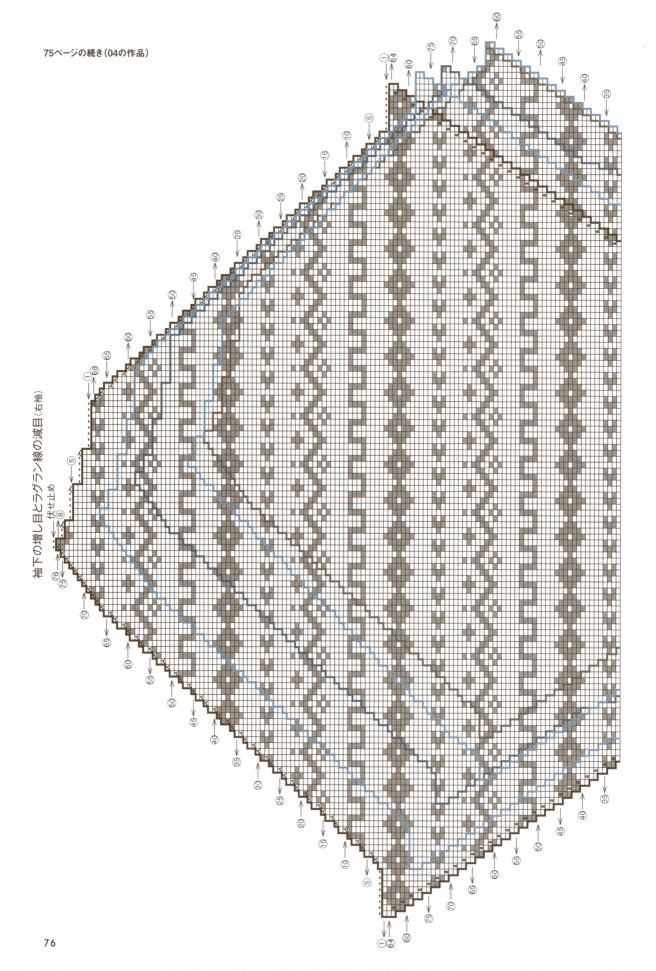

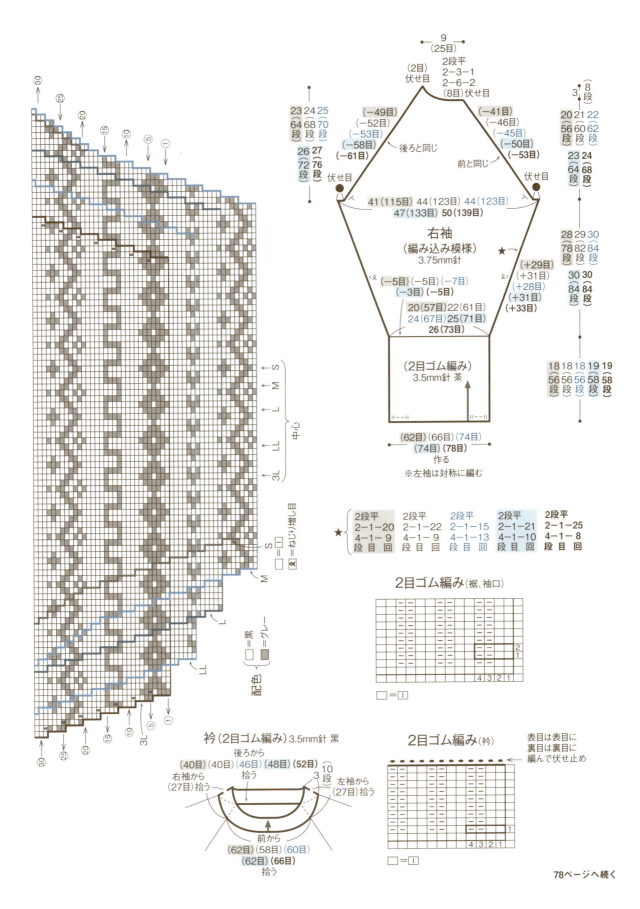

77ページの続き(04の作品)

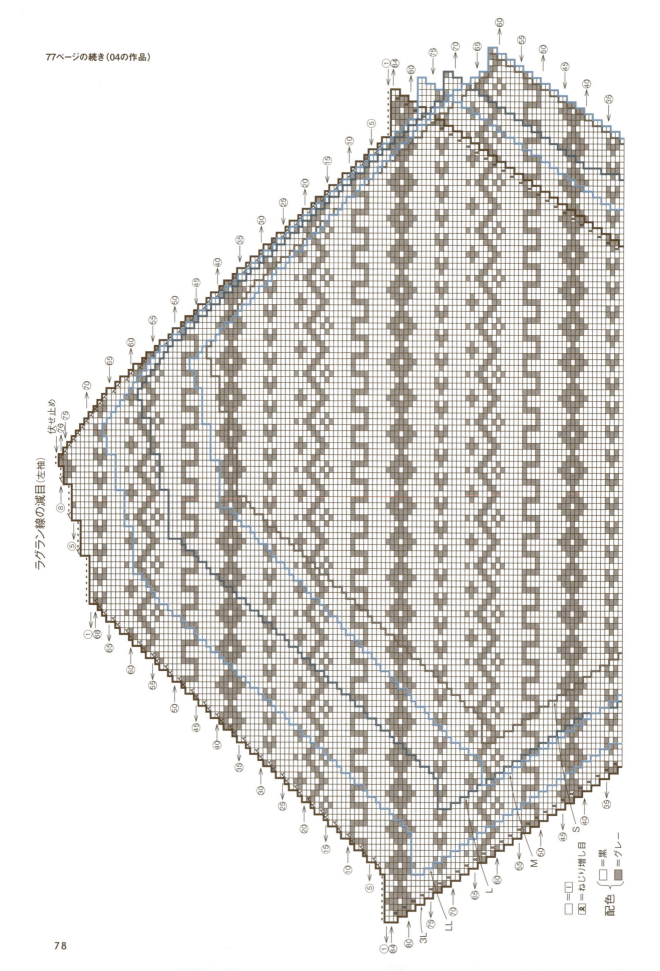

KNIT05
Nordic Man
☞ P.14

YARN
使用糸 / ROWAN（ローワン） Felted Tweed（フェルテッドツイード） ベージュ（177）
S/250g=5玉、M/280g=6玉、L/310g=7玉、LL/340g=7玉、3L/365g=8玉、茶（175）
S/50g=1玉、M/50g=1玉、L/55g=2玉、LL/60g=2玉、3L/70g=2玉、
Alpaca Classic（アルパカクラシック） 赤（120）
S/80g=4玉、M/85g=4玉、L/100g=4玉、LL/110g=5玉、3L/115g=5玉

TOOL
棒針 3.75mm（JP6号）、3.5mm（JP5号）

SIZE
S/ 胸囲96cm、背肩幅40cm、丈62cm、袖丈61cm
M/ 胸囲104cm、背肩幅42cm、丈65cm、袖丈62cm
L/ 胸囲108cm、背肩幅44cm、丈68cm、袖丈64cm
LL/ 胸囲116cm、背肩幅46cm、丈70.5cm、袖丈65cm
3L/ 胸囲124cm、背肩幅48cm、丈74cm、袖丈66cm

GAUGE
10cm平方で編み込み模様 28目・28段

HOW TO
◎身頃、袖…指でかける作り目をして編み始め、2目ゴム編み、編み込み模様で編みます。編み込み模様は糸を横に渡す方法で編みます。衿ぐりの減目は2目以上は伏せ目、1目は端1目を立てる減目にします。袖下の増し目は1目内側にねじり増し目にします。

◎まとめ…肩はかぶせはぎにします。衿は指定の目数を拾い、2目ゴム編みで編みます。編み終わりは表目は表目に裏目は裏目に編んで伏せ止めます。衿の左前端は衿ぐりに目と段のはぎでつけ、右前端は内側に巻きかがります。袖の休み目は目と段のはぎで身頃と合わせます。まちも同様に目と段のはぎにします。脇、袖下はすくいとじにします。

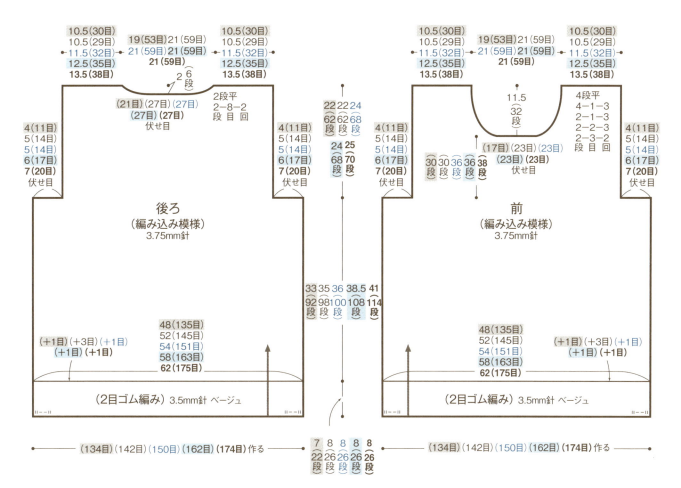

サイズはS、M、L、LL、3L
1つしか表記がない場合は共通

POINT 衿が大きくなってしまうと綺麗に仕上がらないので、サイズ通りになるよう、ゲージには気をつけて編んでください。小さくなっちゃっても、1割くらいなら大丈夫です。編み込みについては、Daisy や Nordic Girl のポイントも参考にしてください。

80ページへ続く

79ページの続き（05の作品）

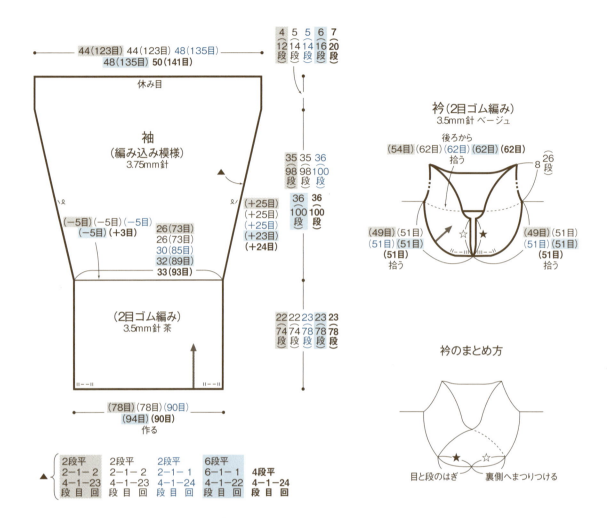

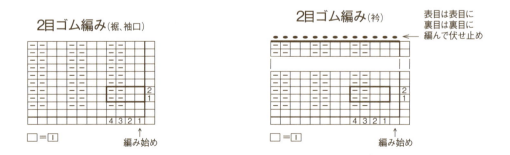

編み込み模様

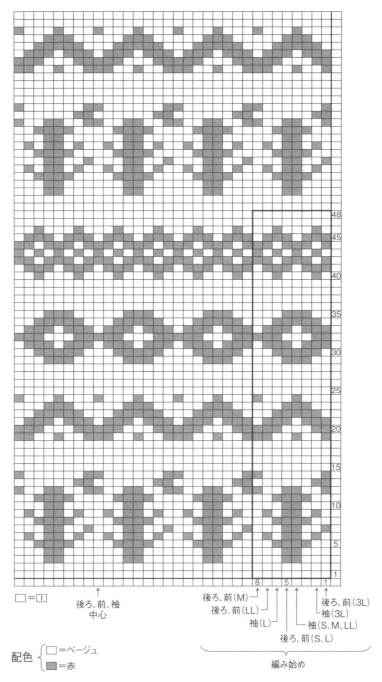

□=□

後ろ、前、袖 中心

後ろ、前(M)
後ろ、前(LL)
袖(L)
後ろ、前(S、L)
袖(S、M、LL)
袖(3L)
後ろ、前(3L)

編み始め

配色 { □=ベージュ　■=赤 }

82ページへ続く

81ページの続き（05の作品）

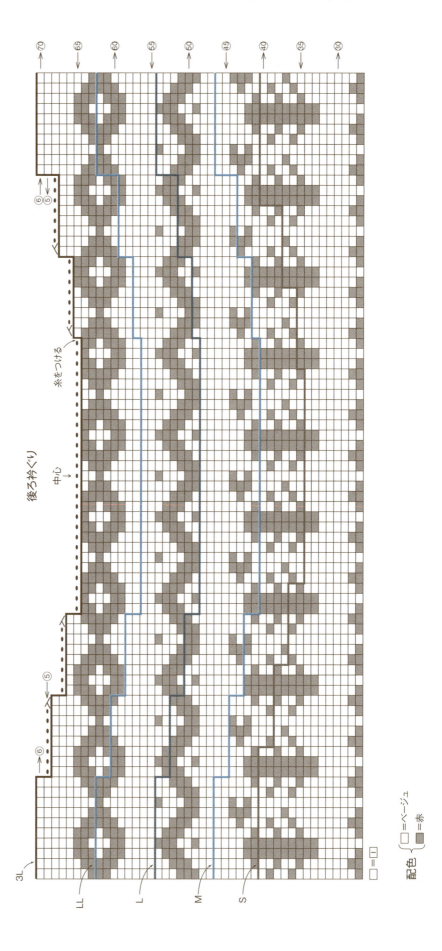

84ページへ続く

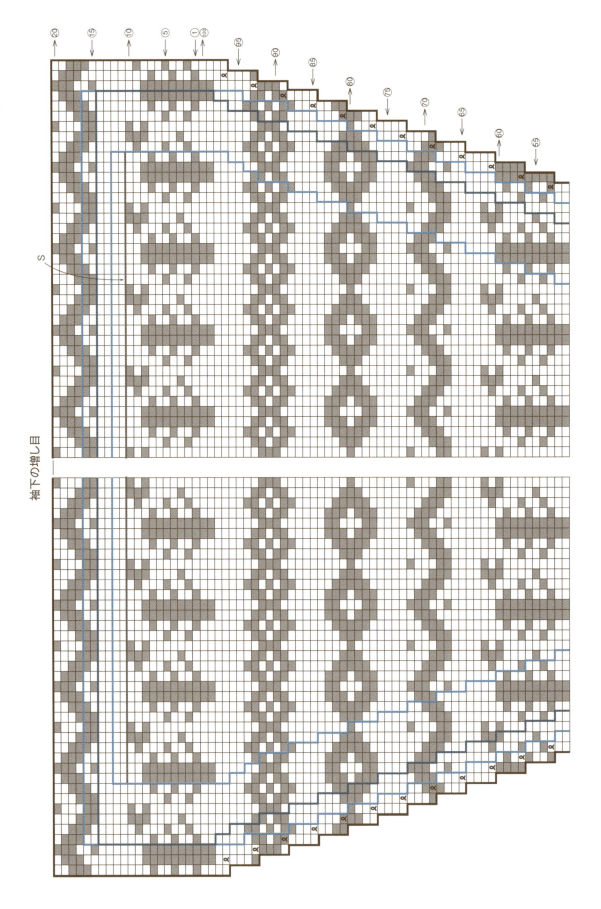

83ページの続き（05の作品）

袖下の増し目

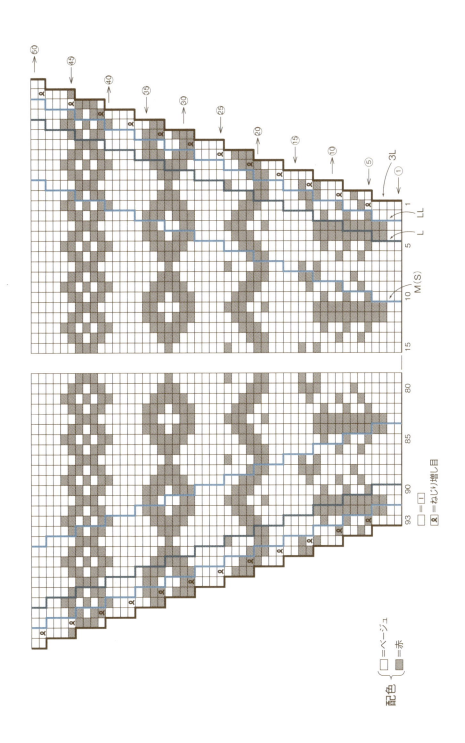

KNIT 06
Side Open Vest

☞ P.16

YARN
使用糸 / ROWAN（ローワン） Pure Wool Superwash Worsted（ピュアウール スーパーウォッシュ ウーステッド） ネイビー（149）
M/210g=3玉、L/260g=3玉

TOOL
棒針 4.5mm（JP8号）、3.5mm（JP5号）

SIZE
M/ 背肩幅 37cm、丈 47cm
L/ 背肩幅 40cm、丈 52cm

GAUGE
10cm 平方で模様編み 20目・24段

HOW TO
◎身頃…指にかける作り目をして編み始め、ねじり1目ゴム編み、模様編みで編みます。衿ぐりの減目は、中心の目は休み目、2目以上は伏せ目、1目は端1目を立てる減目にします。肩は編み残しの引き返し編みをして肩下がりを作ります。

◎まとめ…肩はかぶせはぎにします。衿は指定の目数を拾い、1目ゴム編みで輪に編み、表目は表目に裏目は裏目に編んで伏せ止めます。脇は1目ゴム編みで編み、編み終わりは衿と同様にします。

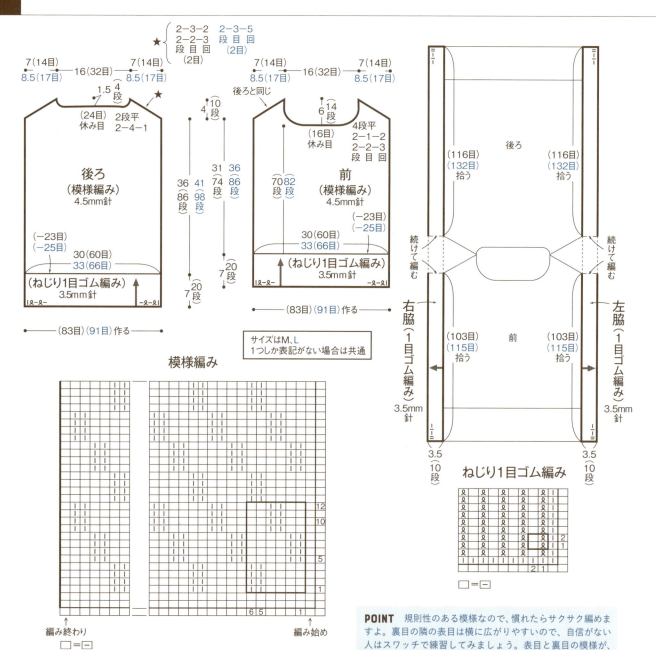

サイズはM、L
1つしか表記がない場合は共通

模様編み

ねじり1目ゴム編み

POINT 規則性のある模様なので、慣れたらサクサク編めますよ。裏目の隣の表目は横に広がりやすいので、自信がない人はスワッチで練習してみましょう。表目と裏目の模様が、ゆるまずくっきり出るようになったら、さあ、本番だ！

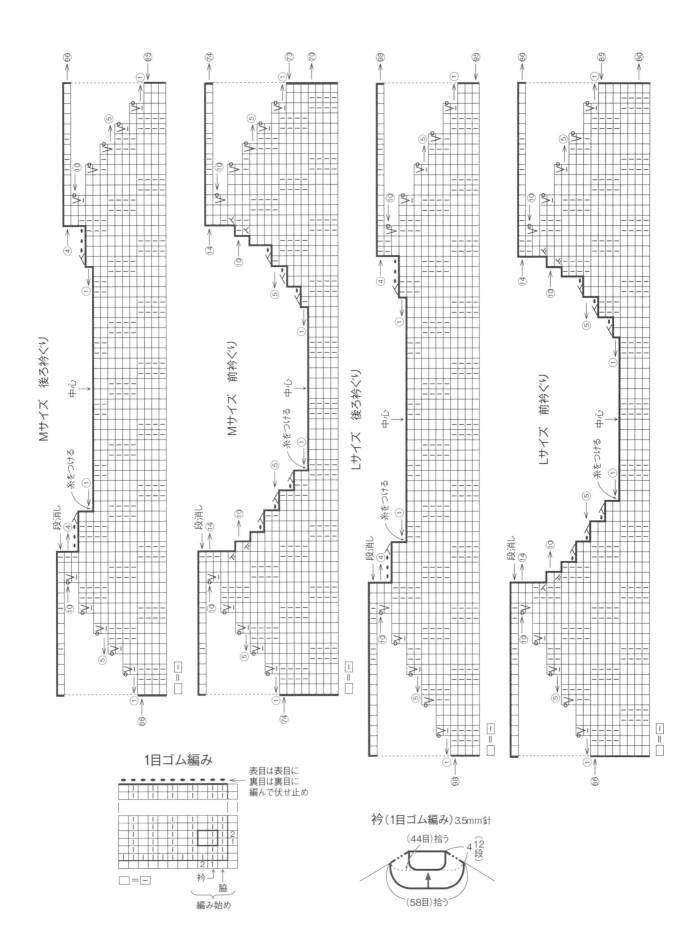

KNIT07
Botanical Cardigan

☞ P.18

YARN
使用糸 / ROWAN（ローワン）　Felted Tweed（フェルテッドツイード）　ブルー（194）
M/360g=8 玉、L/390g=8 玉
直径 15mm のボタン 7 個

TOOL
棒針 3.75mm（JP6 号）、3.5mm（JP5 号）

SIZE
M/ 胸囲 111cm、丈 57.5cm、ゆき丈 69.5cm
L/ 胸囲 115cm、丈 60cm、ゆき丈 73.5cm

GAUGE
模様編み A は 1 模様 3 目が 0.5cm、B は 1 模様 6 目が 2.5cm、C、C' とも 7 目が 5cm、D、D' とも 1 模様 13 目が 6cm、すべて 10cm で 34 段

HOW TO
◎身頃、袖…指でかける作り目をして編み始め、1 目ゴム編みで編みます。続けて図を参照してメリヤス編み、模様編み A、B、C、C'、D、D'、かのこ編みを配して編みます。肩下がりはラップ＆ターン（P.46 参照）で編みます。減目は 2 目以上は伏せ目、1 目は端 1 目を立てる減目にします。

◎まとめ…肩はかぶせはぎにします。袖は目と段のはぎで身頃と合わせます。脇、袖下はすくいとじにします。前立ては指定の目数を拾い、1 目ゴム編みで編みます。右前立てにはボタンホールをあけます。編み終わりは表目は表目に裏目は裏目に編んで伏せ止めます。衿は前立てと身頃から目を拾い、前立てと同様に編みます。ボタンをつけて仕上げます。

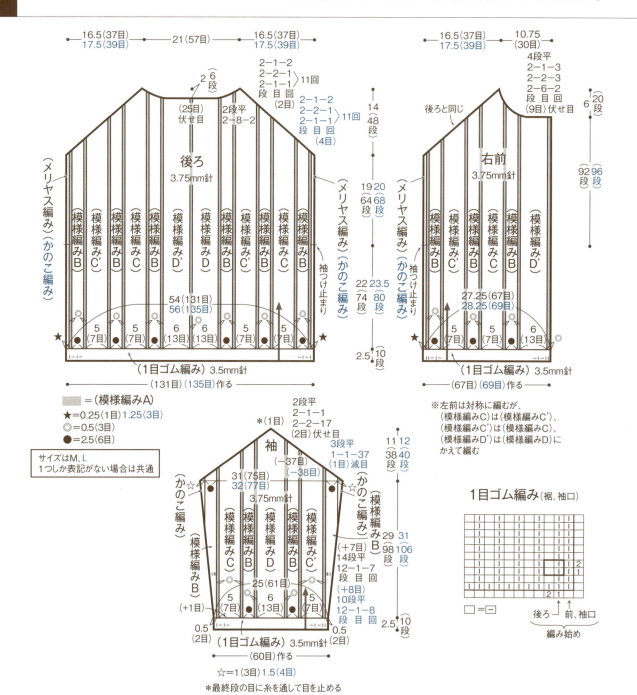

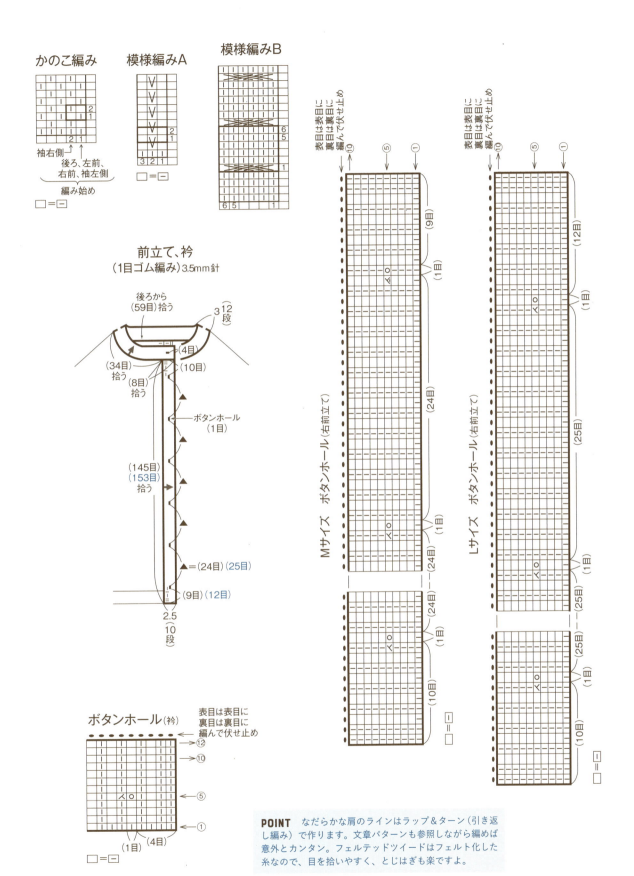

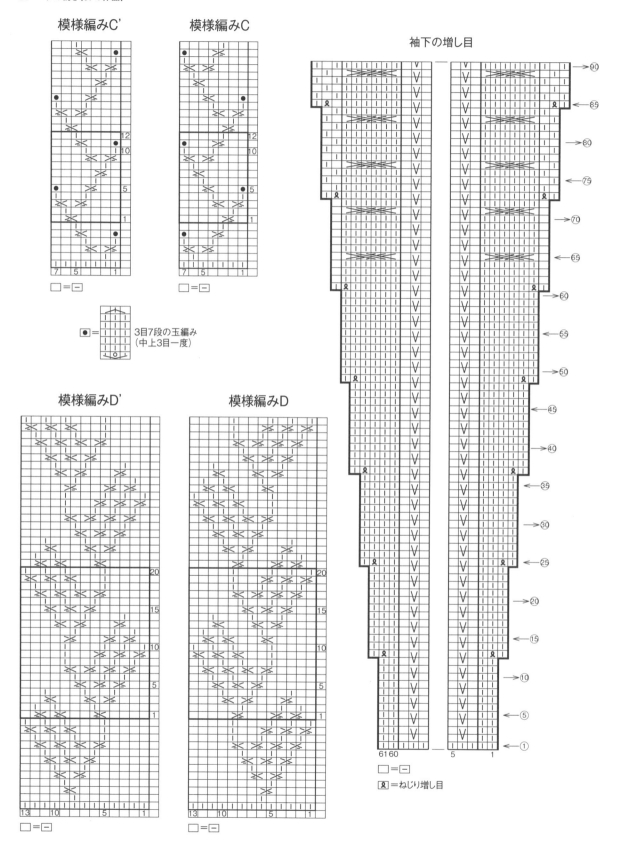

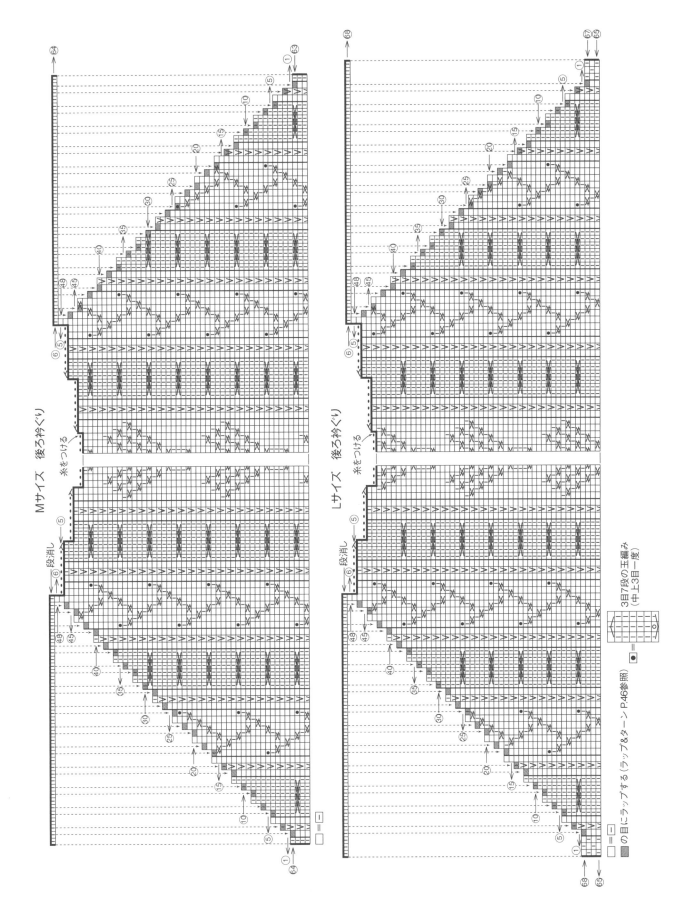

KNIT08
Zigzag Scarf
☞ P.20

YARN
使用糸／ROWAN（ローワン）Brushed Fleece（ブラッシュドフリース）ベージュ（cairn263）220g＝5玉

TOOL
棒針6.0mm（JP13号）

SIZE
幅26cm、長さ183cm（フリンジを含む）

GAUGE
10cm平方で模様編み 18.5目・23段

HOW TO
◎指でかける作り目をして編み始め、模様編みで編みます。編み終わりは伏せ止めます。指定の位置にフリンジをつけます。

POINT フリンジの糸は不揃いでもいいですが、少し長めにカットしてマフラーにつけたあと、必要な長さをテーブルの端に合わせて平置きし、テーブルの端に定規を当てて、余った部分をハサミでカットすると長さが綺麗に揃います。

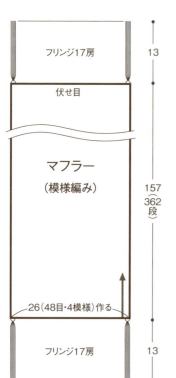

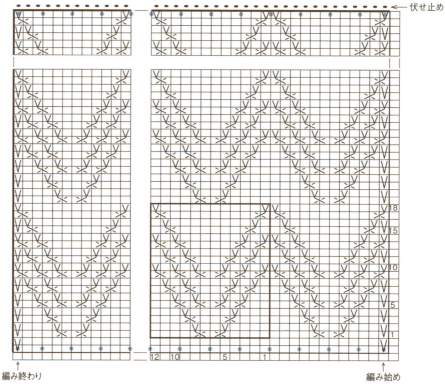

KNIT 11
Elf Hat
☞ P.26

YARN
使用糸 / ROWAN（ローワン）Big Wool（ビッグウール）　レディース / カーキ（Cactus083）85g=1玉、メンズ / 黒（Black008）110g=2玉

TOOL
棒針 6.5mm（JP15号）、6.0mm（JP13号）

SIZE
レディース / 頭回り46cm、深さ22cm
メンズ / 頭回り53cm、深さ25.5cm

GAUGE
10cm平方でメリヤス編み 13.5目・20段

HOW TO
◎指でかける作り目をして編み始め、輪にして2目ゴム編み、メリヤス編みで編みます。分散減目は図を参照して編みます。編み終わりは最終段の目に1目おきに糸を2回に分けて通して絞ります。

POINT 綺麗に仕上げるコツは何といっても2目一度。すべての2目一度がなるべく同じサイズになるよう、そしてゆるみが出ないよう、きつめに編むのがポイントです。ここに気をつけて編むと、減らし目のラインが揃って、仕上がりも綺麗です。

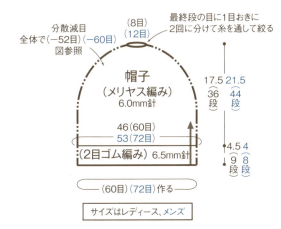

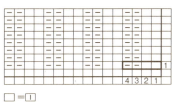

2目ゴム編み

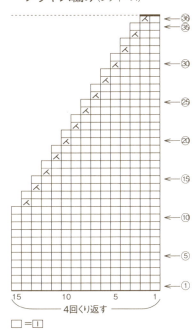

メリヤス編み（レディース）

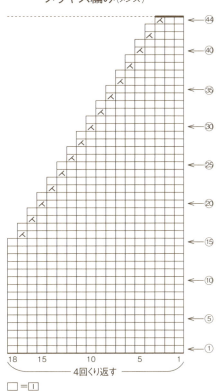

メリヤス編み（メンズ）

KNIT09
Mohair Socks
☞ P.22

YARN
使用糸 / ROWAN（ローワン） Kidsilk Haze（キッドシルクヘイズ） 明るいオレンジ色（Pumpkin 728）20g=1玉
カラーバリエーション / 薄いオレンジ色（Campsis 727）、水色（Blue Daisy 722）、ピンク（Rose 709）、黄緑（Eve Green 684）、濃いオレンジ色（Burnt Orange 729）、茶色（Caramel 732）、青緑（Turquoise 723）

TOOL
棒針 3.5mm（JP5号）

SIZE
底丈 M/21cm、L/22.5cm、丈 M・L とも 20cm

GAUGE
10cm平方でメリヤス編み 24目・31段

HOW TO
◎ジュディズ・マジック・キャストオン（P.43参照）で編み始め、メリヤス編みでつま先から輪に編みます。増し目は右増し目、左増し目で編みます。続けて甲側、底側を編みます。かかとはつま先と同様の増し目をしながら編みます。かかとまち部分は甲側の目を一旦休めておき、図を参照して往復編みで編みます。足首は輪に編みます。編み終わりはかけ目の伏せ止め（P.44参照）にします。

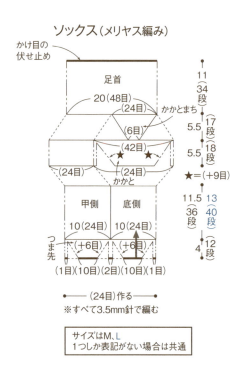

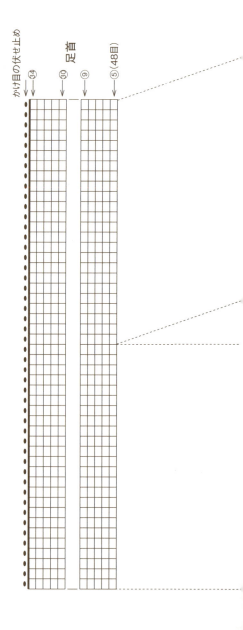

POINT モヘアは、ウールのように伸びる糸ではないので、少しゆるめのサイズにデザインしています。締めつけず、ふんわりと足を包み込むように履く靴下なので、ピッタリサイズでないことを心配せずに、編んでくださいね。

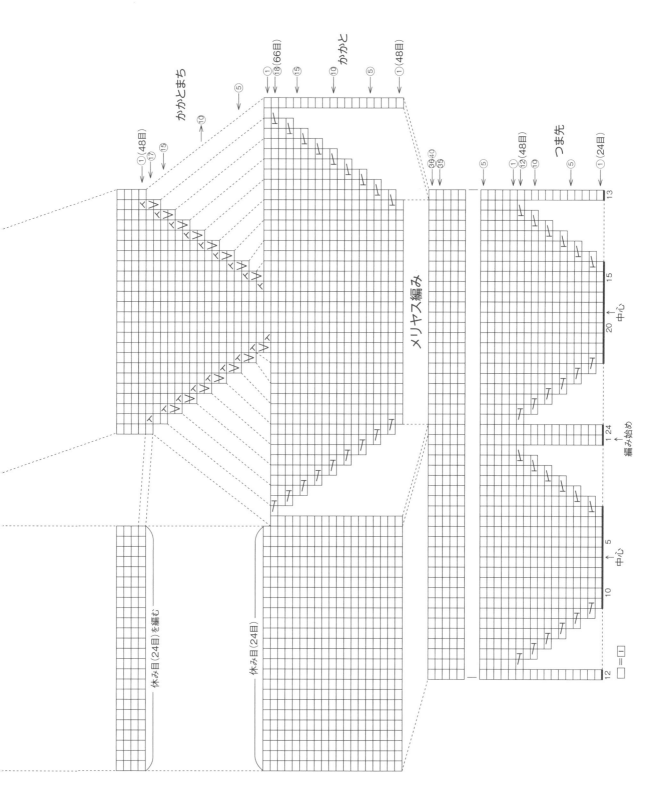

KNIT 10
Snow
☞ P.24

YARN
使用糸 / ROWAN（ローワン） Alpaca Soft DK（アルパカソフト ディーケー） 白（201）
M/435g=9玉、L/470g=10玉
直径20mmのボタン5個

TOOL
棒針 4.0mm（JP6号）、3.5mm（JP5号）

SIZE
M/ 胸囲 102cm、着丈 55.5cm、ゆき丈 74.5cm
L/ 胸囲 107cm、着丈 57.5cm、ゆき丈 77.5cm

GAUGE
10cm平方でメリヤス編み 21目・27段、模様編み 24目・27段

HOW TO
◎身頃、袖…指でかける作り目をして編み始め、2目ゴム編みで編みます。続けて後ろと袖はメリヤス編み、前は模様編みで編みます。ラグラン線の減目は図を参照します。衿ぐりの減目は伏せ目にします。袖下の増し目は1目内側でねじり増し目にします。

◎ポケット…ジュディズ・マジック・キャストオン（P.43参照）で編み始め、メリヤス編み、2目ゴム編みで輪に編みます。増し目は右増し目、左増し目で編みます。編み終わりは表目は表目に裏目は裏目に編んで伏せ止めます。

◎まとめ…ラグラン線、脇、袖下はすくいとじ、まちの目はメリヤスはぎにします。袖口を内側に折り返し、まつりつけます。衿は指定の目数を拾い、2目ゴム編みで編みます。編み終わりはポケットと同様にします。前立ては身頃と衿から目を拾い、衿と同様に編みます。右前立てにはボタンホールを作ります。ポケットを指定の位置にメリヤスはぎとすくいとじでつけます。ボタンをつけて仕上げます。

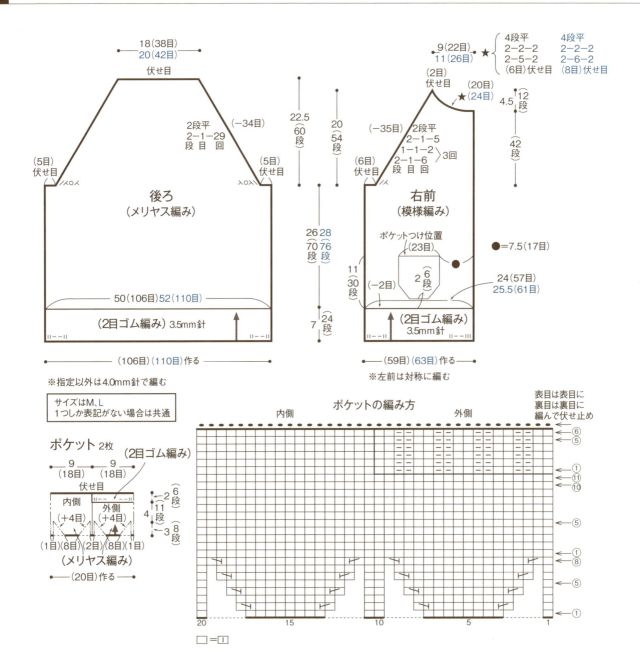

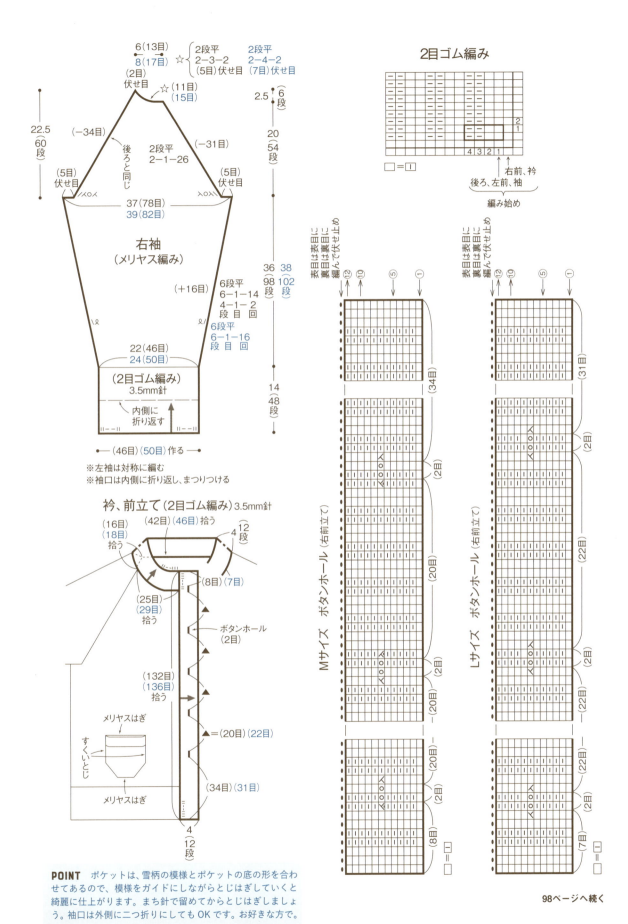

97ページの続き（10の作品）

模様編み

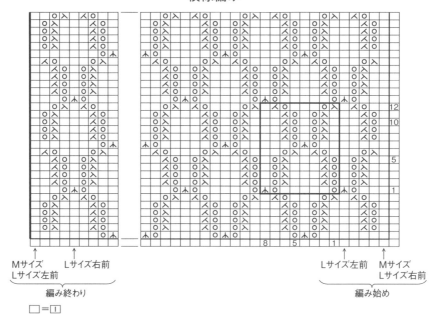

Mサイズ　ラグラン線と衿ぐりの減目（右前）

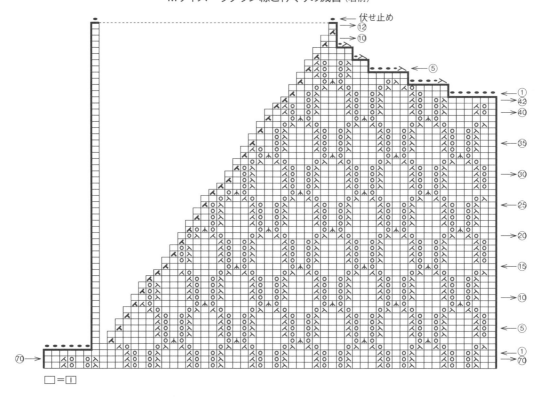

Lサイズ　ラグラン線と衿ぐりの減目（右前）

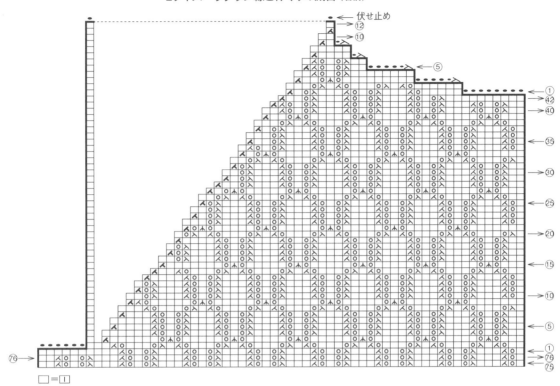

Mサイズ　ラグラン線と衿ぐりの減目（左前）

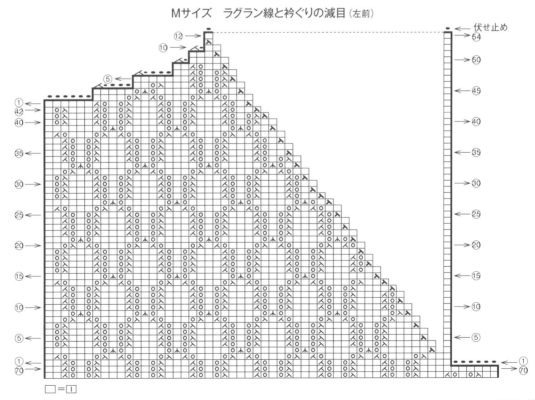

100ページへ続く

99ページの続き（10の作品）

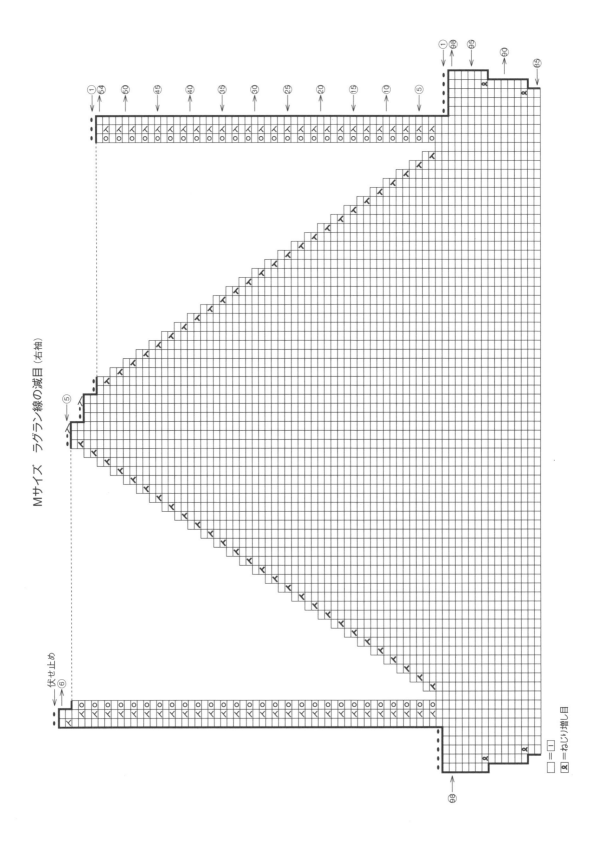

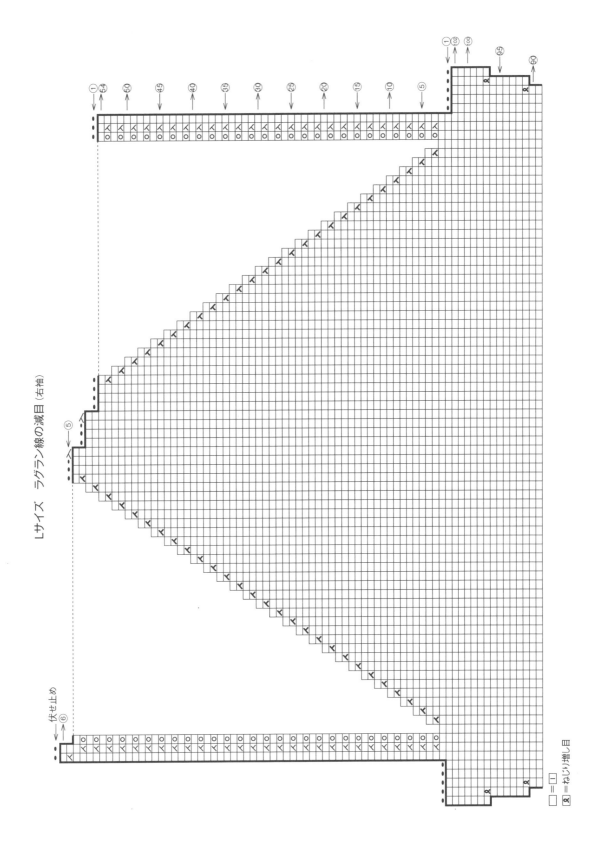

KNIT13
Seeds
☞ P.30

YARN
使用糸 / ROWAN（ローワン） Pure Wool Superwash Worsted（ピュアウール スーパーウォッシュ ウーステッド）

青（144）S/740g=8 玉、M/810g=9 玉、L/880g=9 玉、LL/950g=10 玉、3L/1,025g=11 玉

TOOL
棒針 4.5mm（JP8 号）、4.0mm（JP6 号）

SIZE
（ユニセックス）※メンズ M は L に該当
S/ 胸囲 100cm、着丈 61.5cm、ゆき丈 73.5cm
M/ 胸囲 106cm、着丈 64cm、ゆき丈 76.5cm
L/ 胸囲 112cm、着丈 68.5cm、ゆき丈 79.5cm
LL/ 胸囲 118cm、着丈 71cm、ゆき丈 82cm
3L/ 胸囲 124cm、着丈 74.5cm、ゆき丈 84cm

GAUGE
10cm 平方で模様編み A33 目・28 段、D19 目・28 段。模様編み B、B' は 1 模様 11 目が 4cm、C は 1 模様 17 目が 8cm、すべて 10cm で 28 段

HOW TO
◎身頃、袖…指でかける作り目をして編み始め、1 目ゴム編みで編みます。続けて図を参照して模様編み A、B、B'、C、D、裏メリヤス編みを配して編みます。ラグラン線の減目は端 2 目を立てる減目にします。衿ぐりの減目は 2 目以上は伏せ目、1 目は端 1 目を立てる減目にします。袖下の増し目は 1 目内側でねじり増し目にします。

◎まとめ…ラグラン線、脇、袖下はすくいとじ、まちの目はメリヤスはぎにします。衿は指定の目数を拾い、1 目ゴム編みで編みます。編み終わりは表目は表目に裏目は裏目に編んで伏せ止めします。

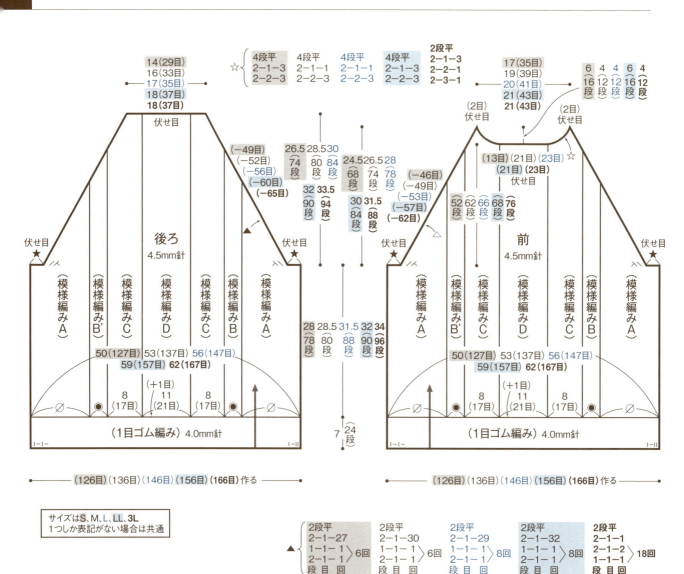

模様編みA

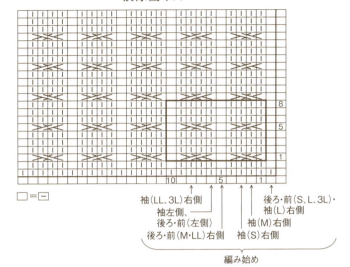

模様編みC

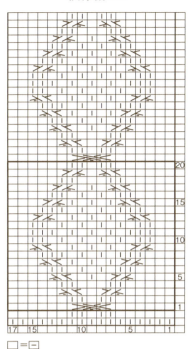

模様編みB'

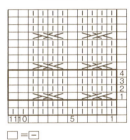

模様編みB

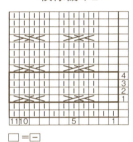

模様編みD

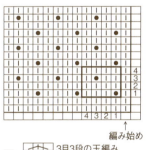

1目ゴム編み（裾、袖口）

衿（1目ゴム編み）4.0mm針

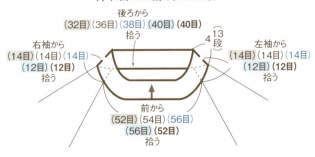

1目ゴム編み（衿）

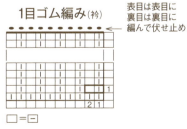

104ページへ続く

amuhibi meets ROWAN 103

103ページの続き（13の作品）

ラグラン線の減目（後ろ）

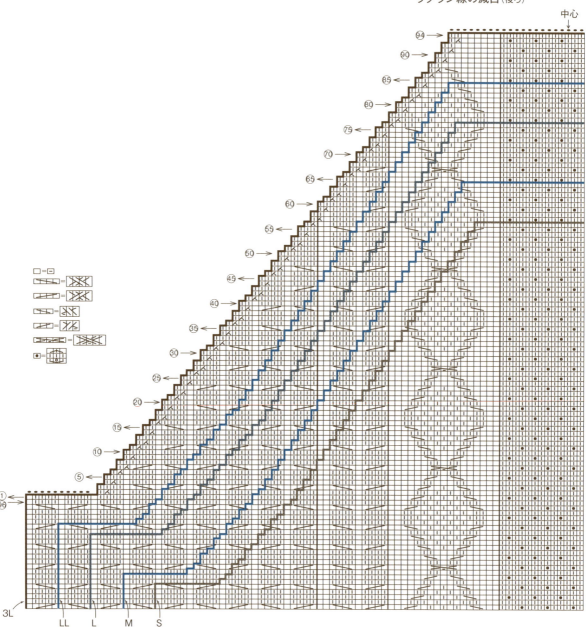

POINT フロントや袖の部分に並んだポップル（玉編み）は、ゆるいと間延びして見えるので、なるべく「小粒で均等」に編むのが素敵に仕上げるコツです。ゲージを確認しながら、まずはスワッチで練習してみて。

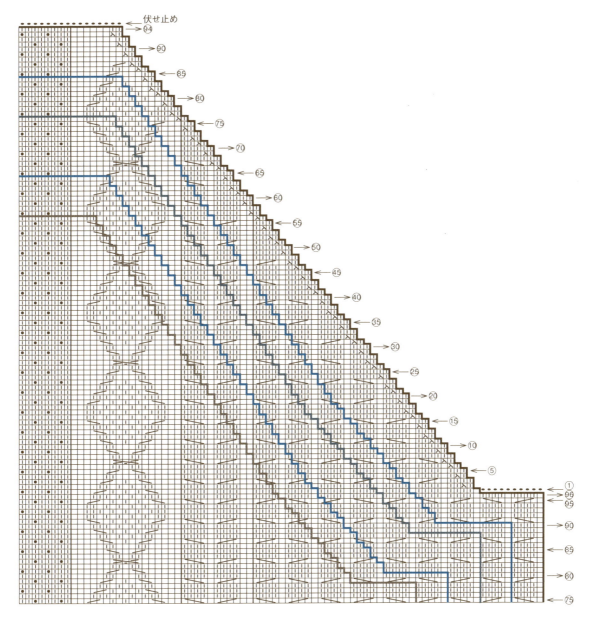

106ページへ続く

105ページの続き（13の作品）

ラグラン線と衿ぐりの減目（前）

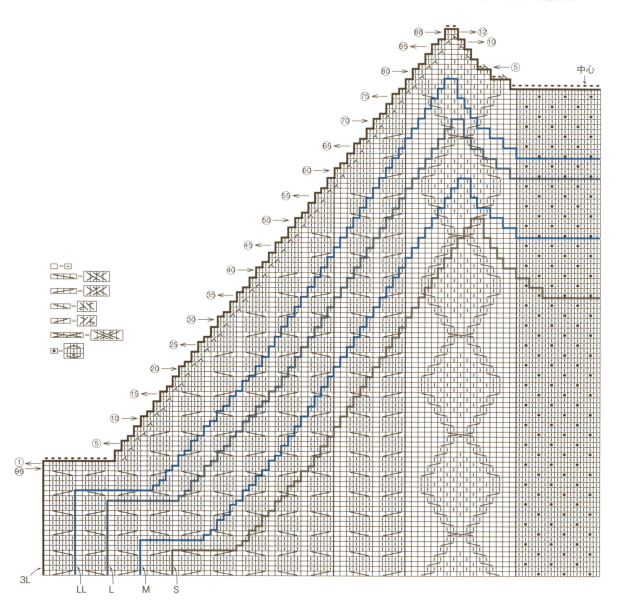

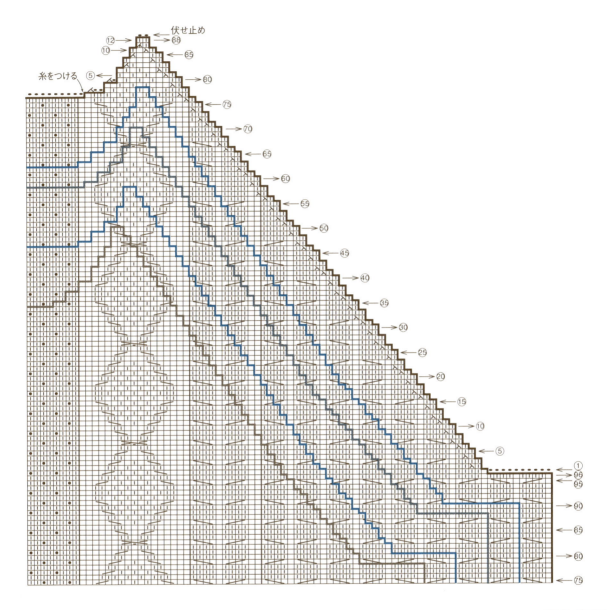

108ページへ続く

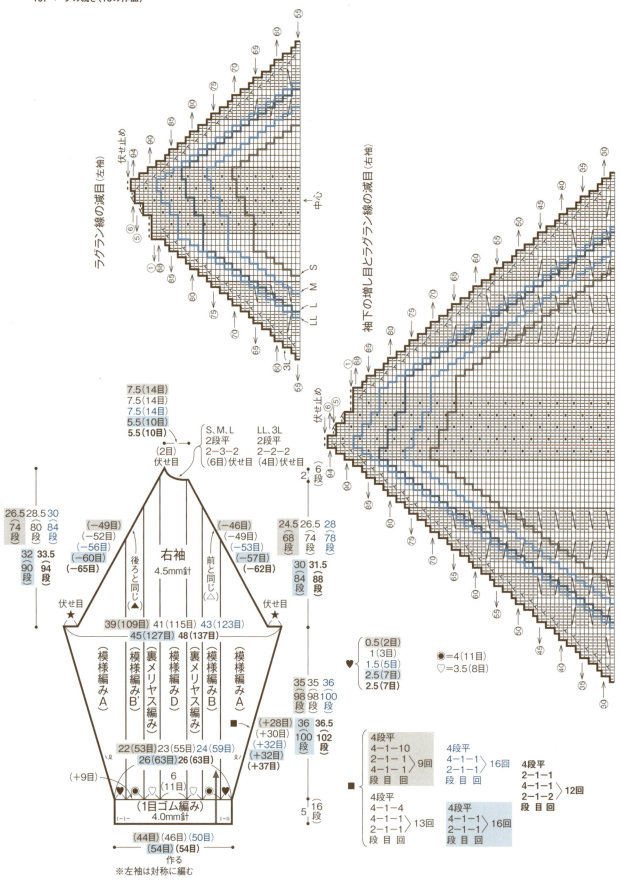

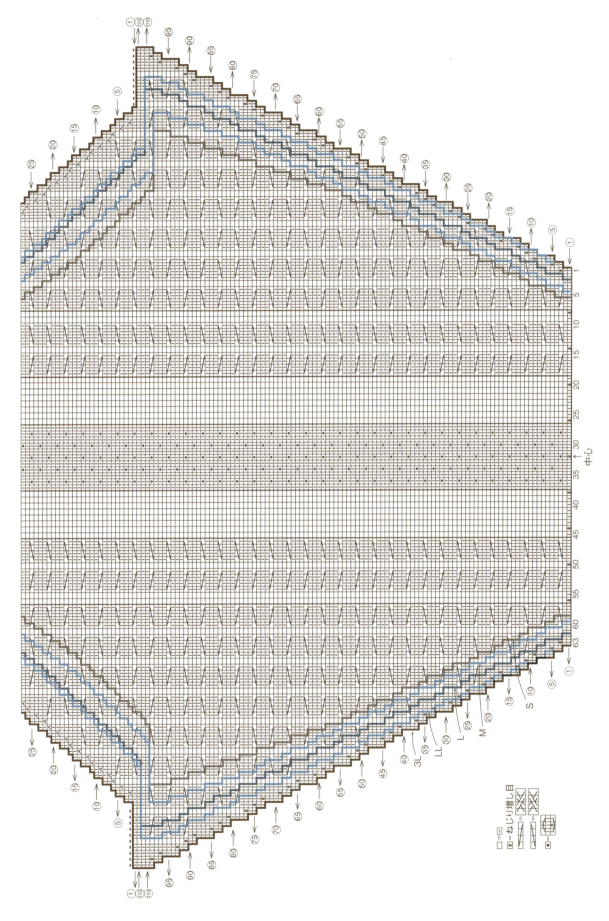

KNIT14
Bloom Socks
☞ P.32

YARN
使用糸 / ROWAN（ローワン） Rowan Sock（ローワンソック） 黄（010）70g=1玉

TOOL
棒針 2.5mm（JP1号）

SIZE
底丈 M/20.5cm、L/21.5cm、丈 M/19cm、L/18cm

GAUGE
10cm平方でメリヤス編み 33目、模様編み 30目・段数はどちらも 10cm 46段

HOW TO
◎ジュディズ・マジック・キャストオン（P.43参照）で編み始め、メリヤス編みでつま先から輪に編みます。増し目は右増し目、左増し目で編みます。続けて甲側を模様編み、底側をメリヤス編みで編みます。かかとはつま先と同様の増し目をしながらメリヤス編みで編みます。かかとまち部分は甲側の目を一旦休めておき、図を参照してメリヤス編みを往復編みで編みます。足首は模様編みで輪に編み、履き口はねじり1目ゴム編みで編みます。編み終わりは縫い止め（P.45参照）にします。

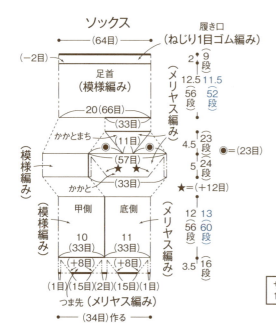

POINT 大きく咲いた花が並んだ柄は、透かし編みで作ります。模様がしっかり出るコツは、目がゆるまないよう、かけ目の大きさがなるべく揃うように気をつけること。そして綺麗に咲きますように、と願いながら編むこと。

サイズはM、L
1つしか表記がない場合は共通

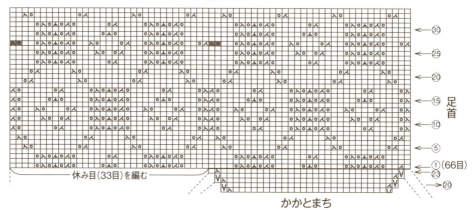

Mサイズ足首編み始め

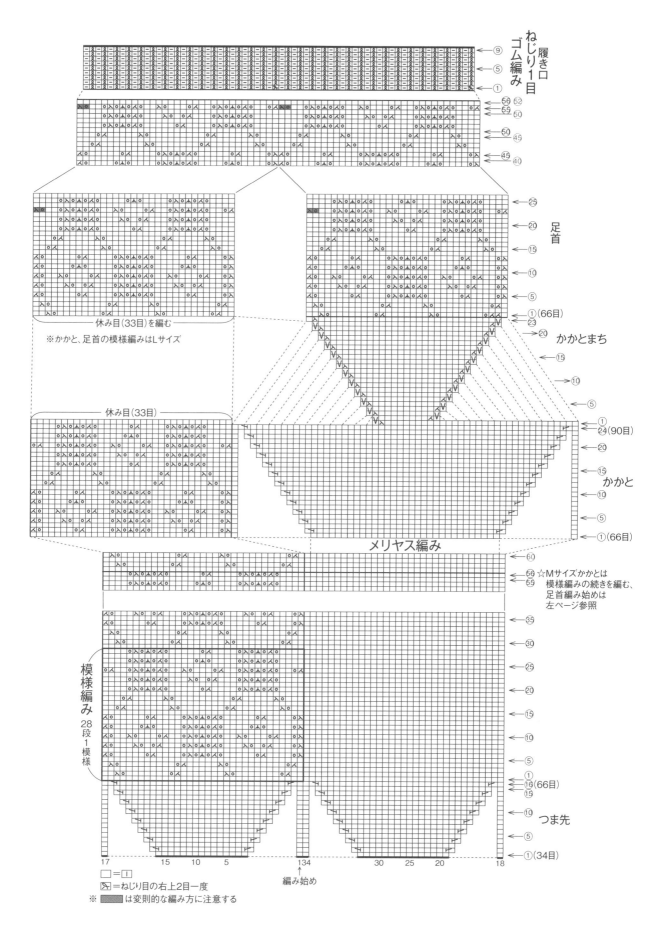

Basic Technique Guide

作り目

指でかける作り目

一般的な作り目。伸縮性があり、薄くできるので、そのまま端として使える。

1
糸端は、編む幅の約3倍をとる。

2
輪を作り、左手で交点を押さえる。

3
輪の中から糸端を引き出す。

4
引き出した糸で、小さい輪を作る。

5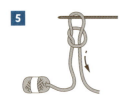
小さい輪の中に棒針を入れ、両方の糸を引いて輪を縮める。

6
1目できた。短い糸を親指に、長い糸を人さし指にかける。

7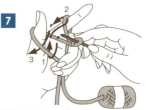
針先を1,2,3の矢印の順に動かして、棒針に糸をかける。

8
1,2,3の順に糸をかけたところ。目と目の間は8mmくらいあけながら作り目する。

9
親指をいったんはずし、矢印のように親指を入れ直す。

10
親指を入れ直して引き締めたところ。2目めができた。

11
必要目数を作る。目と目の間が詰まりすぎないように注意。

※指でかける作り目はいろいろなやり方がありますが、amuhibiではこの方法をおすすめしています。

巻き目の作り目
（2目以上の巻き増し目）

編み地の端で棒針に糸を巻いて増し目をする方法。2目以上は編み終わりで増し目をするので左右で1段ずれるが、1目の時は同じ段で操作する。

右側

1
図のように人さし指に糸をかけ、針を入れて、指をはずす。

2
1をくり返し、3目巻き増し目ができた。

3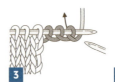
次の段は端の目に右針を矢印のように入れて、

4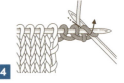
表目で編む。次の目からも表目で編む（増し目が複数段続くときは端の目はすべり目にする）。

左側

1
図のように人さし指に糸をかけ、針を入れて、指をはずす。

2
1をくり返し、3目巻き増し目ができた。

3
次の段は端の目に右針を矢印のように入れて、

4
裏目で編む。次の目からも裏目で編む（増し目が複数段続くときは端の目はすべり目にする）。

基本の編み目

表目 |

  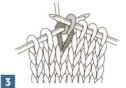 

1. 糸を向こう側に置き、右針を手前から入れる。
2. 糸をかけて、矢印のように手前に引き出す。
3. 左針から目をはずす。
4. 表目が編めた。

裏目 —

1. 糸を手前に置き、矢印のように右針を向こう側から入れる。
2. 糸を手前から向こうにかけて、矢印のように引き出す。
3. 右針で糸を引き出したら、左針から目をはずす。
4. 裏目が編めた。

かけ目 ○

   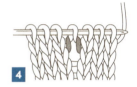

1. 右針に手前から向こう側に糸をかける。
2. 次の目を編む。
3. かけ目ができた。1目増えた。
4. 次の段を編んで表から見たところ。

ねじり目

1. 矢印のように右針を向こう側から入れる。
2. 糸をかけて、矢印のように手前に引き出す。
3. 左針から目をはずす。
4. ねじり目が編めた。下の目がねじれている。

すべり目（1段の場合）

 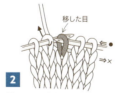 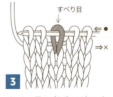 

1. ●の段で糸を向こう側に置き、矢印のように針を入れて、編まずに移す。
2. 移した目がすべり目になる。続けて、次の目を編む。
3. すべり目の部分は渡り糸が向こう側にある。
4. 次の段はすべり目を記号図通りに編む。

裏目のすべり目（1段の場合）

1. ●の段で糸を向こう側に置き、矢印のように針を入れて、編まずに移す。
2. 移した目がすべり目になる。続けて、次の目を編む。
3. すべり目の部分は渡り糸が向こう側にある。
4. 次の段はすべり目を記号図通りに編む。

 右上 2目一度	 1 右側の目を編まずに右針に移す。	 2 左側の目を表目で編む。	 3 右針に移しておいた目を編んだ目にかぶせる。	 4 右上2目一度が編めた。
 左上 2目一度	 1 2目の左側から一度に右針を入れる。	 2 針を入れたところ。	 3 2目を一緒に表目で編む。	 4 左上2目一度が編めた。

裏目の 右上 2目一度	 1 2目をそれぞれ編まずに右針に移す。	 2 左針を2目の右側から入れて目を戻す。	 3 矢印のように右針を入れて、	 4 2目を一緒に裏目で編む。	 5 裏目の右上2目一度が編めた。

裏目の 左上 2目一度	 1 2目の右側から一度に右針を入れる。	 2 針を入れたところ。	 3 2目を一緒に裏目で編む。	 4 裏目の左上2目一度が編めた。
中上 3目一度	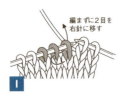 1 2目に矢印のように針を入れ、編まずに右針に移す。	 2 3目めに針を入れ、糸をかけて引き出す。	 3 右針に移しておいた目を3目めにかぶせる。	 4 中上3目一度が編めた。
中上 3目一度 (裏から編む場合)	 1 1、2の順に矢印のように針を入れ、編まずに右針に移す。	 2 矢印のように左針を入れ、目を戻す。	 3 矢印のように右針を入れ、	 4 中上3目一度（裏から編む場合）が編めた。

ねじり目の右上2目一度

1 矢印のように針を向こう側に入れ、右側の目を編まずに右針に移す。

2 左側の目を表目で編む。

3 右針に移しておいた目を編んだ目にかぶせる。

4 ねじり目の右上2目一度が編めた。

ねじり増し目（表目のとき）

右側〈左右の区別のない増し目はこの向きでよい〉 **左ねじり増し目**

1 目と目の間の糸を左針にかけて右側から矢印のように針を入れ、

2 表目を編む。

左側 **右ねじり増し目**

1 目と目の間の糸を左針にかけて左側から矢印のように針を入れ、

2 表目を編む。

ねじり増し目（裏目のとき）

右側〈左右の区別のない増し目はこの向きでよい〉 **左ねじり増し目**

1 目と目の間の糸を左針にかけて左側から矢印のように針を入れ、

2 裏目を編む。

左側 **右ねじり増し目**

1 目と目の間の糸を左針にかけて右側から矢印のように針を入れ、

2 裏目を編む。

右増し目

1 前々段の目を矢印のように右針で引き上げ、表目で編む。

2 針にかかっている次の目も表目で編む。

左増し目

1 表目1目を編み、前々段の目を矢印のように右針で引き上げ、

2 左針にかけて表目で編む。

3目・3段の玉編み（中上3目一度）

1 1目から3目を編み出す。

2 持ち替えて裏を見て裏目を3目編み、もう一度持ち替える。

3 右の2目に矢印のように針を入れ、右針に移し、3目めを表目で編む。

4 左針を使って、右針の2目を3で編んだ表目にかぶせる。

5 3目・3段の玉編み（中上5目一度）が編めた。

左上1目交差

1. ×の目に●の目の手前から矢印のように右針を入れる。
2. 針に糸をかけて矢印のように引き出し、表目で編む。
3. 編んだ目はそのままで、●の目に針を入れ、表目で編む。
4. 左上1目交差のできあがり。

右上1目交差

1. ×の目に●の目の向こう側から矢印のように右針を入れる。
2. 針に糸をかけて矢印のように引き出し、表目で編む。
3. ×の目はそのままで、●の目に針を入れ、表目で編む。
4. 右上1目交差のできあがり。

左上1目交差（下側が裏目）

1. ×の目に●の目の手前から矢印のように右針を入れ、表目で編む。
2. 編んだ目はそのままで、●の目に向こう側から針を入れる。
3. 針に糸をかけて裏目で編む。
4. 左上1目交差（下側が裏目）のできあがり。

右上1目交差（下側が裏目）

1. 糸を手前に置き、●の目の向こう側から×の目に矢印のように右針を入れる。
2. 針に糸をかけて、裏目で編む。
3. 編んだ目はそのままで、●の目に針を入れ表目で編む。
4. 右上1目交差（下側が裏目）のできあがり。

左上2目交差

1. 右の2目をなわ編み針に移し、向こう側に置き、3、4の目を表目で編む。
2. 1の目に右針を入れ、矢印のように糸を引き出して表目で編む。
3. 2の目も表目で編む。
4. 左上2目交差のできあがり。

右上2目交差

 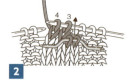  

1. 右の2目をなわ編み針に移し、手前に置いて、3、4の目を表目で編む。
2. 1の目に矢印のように右針を入れ、表目で編む。
3. 2の目も同様に表目で編む。
4. 右上2目交差のできあがり。

右上2目交差（中央に裏目1目入る）

1 1、2の目は手前、3の目は向こう側に置く。4、5の目を表目で編む。

2 3の目に矢印のように右針を入れ、裏目で編む。

3 1、2の目を表目で編む。

4 右上2目交差（中央に裏目1目入る）のできあがり。

左上2目と1目の交差（下側が裏目）

1 右の1目になわ編みを入れて移す。

2 移した1目を向こう側におき、2、3の目を表目で編む。

3 1の目に矢印のように針を入れ、裏目で編む。

4 左上2目と1目の交差（下側が裏目）のできあがり。

右上2目と1目の交差（下側が裏目）

1 右の2目になわ編み針を入れて移す。

2 移した2目を手前におき、3の目を裏目で編む。

3 1、2の目に矢印のように右針を入れ、表目で編む。

4 右上2目と1目交差（下側が裏目）のできあがり。

糸を横に渡す編み込み模様の編み方

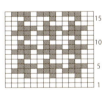

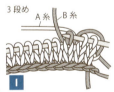
1 3段め B糸をはさんでから編み始め、A糸で2目、B糸で1目編む。

2 B糸は上、A糸は下に渡してA糸3目、B糸1目をくり返す。

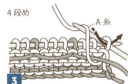
3 4段め 4段めの編み始め。B糸をはさんで1目めを編む。

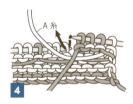
4 裏目側を編むときも、B糸は上、A糸は下に渡して編む。

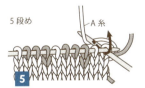
5 5段め 段の編み始めは、編む糸に休める糸をはさんでから編む。

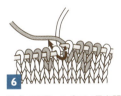
6 B糸で3目、A糸で1目を記号図通りにくり返す。

7 6段め B糸1目、A糸3目をくり返す。この段で1模様が編める。

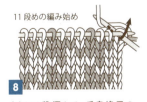
8 11段めの編み始め さらに4段編んで、千鳥格子の模様が2模様編めたところ。

amuhibi meets ROWAN

● 伏せ止め（表目の場合）

  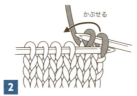 

1	2	3	4
表目を2目編む。	右の目を左の目にかぶせる。	1目伏せ目が編めた。次の目も表目で編み、2と同様にかぶせる。	「1目表目を編み、かぶせる」をくり返し、伏せ止めをする。

とじ・はぎ

すくいとじ（メリヤス編み）

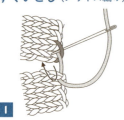  

1 手前も向こう側もとじ針で作り目の糸をすくう。

2 端1目内側のシンカーループを1段ずつ交互にすくって糸を引く。

3 「シンカーループをすくって、とじ糸を引く」をくり返す。とじ糸は見えなくなるまで引く。

引き抜きとじ（かぎ針を使う方法）

編み地を中表に合わせて、かぎ針で引き抜きながらとじる。

かぶせはぎ

   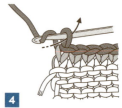

1 2枚の編み地を中表に合わせて、手前の目にかぎ針を入れ、向こう側の目を引き出す。

2 針に糸をかけて、引き抜く。

3 1・2をくり返す。

4 最後に残った目から糸を引き出す。

メリヤスはぎ〈両方とも目のとき〉

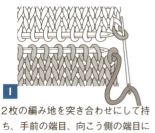  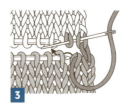 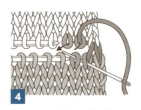

1 2枚の編み地を突き合わせにして持ち、手前の端目、向こう側の端目に裏側からとじ針を入れる。

2 手前の2目、次に向こう側の2目に矢印のように針を入れる。

3 次に手前の2目に矢印のように針を入れる。

4 次に向こう側の2目に針を入れる。2〜4をくり返す。

目と段のはぎ〈片方が目、もう片方が段のとき〉

段は1段すくい、目の側は2目にとじ針を入れる。段の方が多いときはところどころ2段すくって調整する。はいだ糸は見えなくなるまで引く。

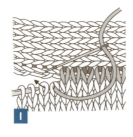 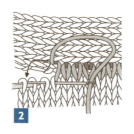 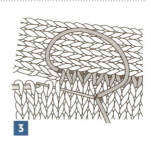

絞り止め

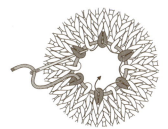

1目おきに糸を通し、2回に分けて絞る。

フリンジのつけ方

1 編み地の裏側からかぎ針を入れ、揃えた糸束の中央にかけて引き出す。

2 糸束をかぎ針にかけて、**1**で引き出した輪に通す。

3 すべての糸束をつけ終わったら、不揃いな糸端をカットして整える。

編み残しの引き返し編み（表目の場合）

肩下がりなどに使う方法です。2段ごとに編み目を残して引き返しながら編みます。必要な回数引き返し編みをしたら最後に段消しをして段差を整えます。

右側

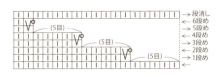

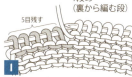

1 1回めの引き返し編み。裏から編む段で、左針に5目残るところまで編む。

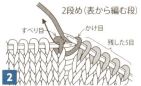

2 編み地を持ち替えて、かけ目をし、左針の1目めをすべらせて（すべり目）右針に移す。

3 右針に移したところ。次の目からは表目で編む。

4 2回めの引き返し編み。左針にすべり目から数えて5目残るところまで編む。

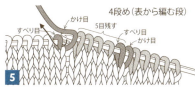

5 編み地を持ち替えて、**2**と同じようにかけ目、すべり目をし、残りは表目で編む。**4**・**5**をくり返す。

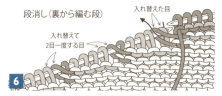

6 裏から編む段で段消しをする。かけ目とその左どなりの目を入れ替えて（目の入れ替え方参照）、2目一度に裏目で編む。

目の入れ替え方（裏から編む段での操作）

❶ 糸を手前におき、右針に1・2の順に2目を移す。

❷ 移した2目に矢印のように左針を入れ、目を戻す。

左側

左側の引き返し編みは右側より1段遅れてスタートします。結果、左側は段消し分が1段多くなっています。肩をはいで前後身頃をつなげると左右の段差は相殺され、同じ段数になります。

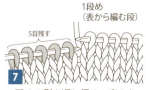

7 1回めの引き返し編み。表から編む段で、右針に5目残るところまで編む。

8 編み地を持ち替えて、かけ目をし、左針の1目めをすべらせて右針に移す。

9 右針に移したところ。次の目からは裏目で編む。

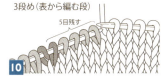

10 2回めの引き返し編み。左針にすべり目から数えて5目残るところまで編む。

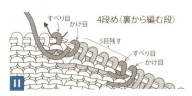

11 編み地を持ち替えて、**8**と同じようにかけ目、すべり目をし、残りは裏目で編む。**10**・**11**をくり返す。

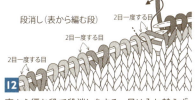

12 表から編む段で段消しをする。目は入れ替えず、かけ目とその左どなりの目に、矢印のように針を入れ、2目一度に表目を編む。

amuhibi meets ROWAN
amuhibiが編むローワンのニット

著者	梅本美紀子
発行日	2024年12月 1日　第1刷
	2024年12月25日　第2刷
発行人	瀬戸信昭
編集人	舟生健一
発行所	株式会社日本ヴォーグ社
	〒164-8705　東京都中野区弥生町5-6-11
	TEL 03-3383-0637（編集）
出版受注センター	TEL 03-3383-0650　FAX 03-3383-0680
印刷所	株式会社 シナノ

Printed in Japan　ⒸMikiko Umemoto 2024
NV70794
ISBN978-4-529-06450-7

○印刷物のため、実際の色とは色調が異なる場合があります。
○万一、乱丁本、落丁本がありましたら、お取り替えいたします。小社出版受注センターまでご連絡ください。

- 本誌に掲載する著作物の複写に関わる複製、上映、譲渡、公衆送信（送信可能化を含む）の各権利は株式会社 日本ヴォーグ社が管理の委託を受けています。
- JCOPY (社)出版者著作権管理機構 委託出版物
- 本書の無断複写は著作権法上での例外を除き禁じられています。複写される場合は、そのつど事前に、(社)出版者著作権管理機構（電話 03-5244-5088、FAX 03-5244-5089、e-mail: info@jcopy.or.jp）の許諾を得てください。

手づくりに関する情報を発信中
日本ヴォーグ社 公式サイト

ショッピングを楽しむ
手づくりタウン

ハンドメイドのオンラインレッスン
 CRAFTiNG
初回送料無料のお得なクーポンが使えます！詳しくはWebへ

手づくり専門カルチャースクール
 ヴォーグ学園

日本ヴォーグ社の通信講座

PROFILE

梅本美紀子（うめもとみきこ）
2018年にオンラインショップamuhibiknitを、2022年には福岡市中央区に、輸入毛糸専門店 amuhibiをオープン。手編みニットのデザイナーとしての活動のほか、編み物講師として、ショップやオンライン、国内外のワークショップでも編み物を教えている。愛称は「にゃんこ先生」。

STAFF

ブックデザイン	藤田康平（Barber）
撮影	小嶋洋平　本間伸彦（P.36-47）
スタイリング	佐野友美
ヘアメイク	石川智恵
モデル	Jessica(178cm)　Vanya(186cm)　Buddy
製作協力	澤田みき　中山かよ　落合直美　水野綾子
	田中智子（amuhibi）　西田未樹（amuhibi）
作り方	大前かおり
トレース	白井麻衣
イラスト	小池百合穂
編集協力	三根寛子　高山桂奈　土谷江美子
編集担当	谷山亜紀子　曽我圭子　吉江真美

素材提供

ディー・エム・シー株式会社（ROWAN）
東京都千代田区神田紺屋町13　山東ビル7F
Tel.03-5296-7831
https://www.dmc-kk.com/rowan/

衣装協力

UNDECORATED Tel.03-3794-4037
KEIMEN keimenproducts@gmail.com
MASHIMO&CO.,LTD Tel.03-6412-7081 (CORDINGS)
Quorinest Tel.03-6273-3536(O MY BAG)
グリニッジ ショールーム Tel.03-5774-1662
　(Billingham /Wax London /Joshua Ellis)
グローブスペックス エージェント Tel.03-5459-8326
　(AHLEM /Lunor /Scye SPECS /Lesca LUNETIER)

撮影協力

UTUWA Tel.03-6447-0070
AWABEES Tel.03-6434-5635

We are grateful.
あなたに感謝しております

手作りの大好きなあなたが、
この本をお選びくださいましてありがとうございます。
内容はいかがでしたでしょうか？
本書が少しでもお役に立てば、
こんなにうれしいことはありません。
日本ヴォーグ社では、手作りを愛する方との
おつき合いを大切にし、ご要望にお応えする商品、
サービスの実現を常に目標としています。
小社及び出版物について、
何かお気づきの点やご意見がございましたら、
何なりとお申し出ください。
そういうあなたに、私共は常に感謝しております。

株式会社日本ヴォーグ社　社長　瀬戸信昭
Fax 03-3383-0602